DIÁLOGOS DE LUCIANO

TOMÁS MORO

DIÁLOGOS
DE LUCIANO

Introducción, traducción
del original latino y notas de
Concepción Cabrillana

EDICIONES RIALP
MADRID

Preimpresión: produccioneditorial.com
ISBN (versión impresa): 978-84-321-6098-1
ISBN (versión digital): 978-84-321-6099-8
Depósito legal: M-3434-2022

Impreso en España   *Printed in Spain*

Anzos, S. L., Fuenlabrada (Madrid)

ÍNDICE

INTRODUCCIÓN

1. Presentación

El presente volumen continúa la labor iniciada en 2012[1], que trata de ofrecer una traducción al castellano de obras escritas en latín por Tomás Moro carentes de versión española. Esta tarea ha conducido a trabajar a lo largo de años precedentes con textos pertenecientes a diversos géneros literarios, debidos a diferentes motivaciones, inmersos en distintos contextos extra-textuales, etc. En esta ocasión el texto que presento posee unas características muy especiales: por un lado, forma parte de los primerísimos escritos moreanos conservados; por otro —y esto es quizá lo más señalado—, se trata en su mayor parte de la traducción de una traducción: el autor inglés vierte a la lengua latina unos diálogos y una pieza retórica concreta, todo ello escrito en griego durante el s. II d. C. por Luciano de Samósata; además, el propio Moro añade una

---

[1] Cf. Cabrillana (2012, 2018, 2020).

composición original que constituye su respuesta a esa pieza retórica de Luciano.

Un rasgo fundamental de la literatura de la época en la que vive Luciano es el predominio claro de la prosa frente a la poesía[2]; junto a ello, el peso de la retórica dentro del movimiento de la Segunda Sofística[3] es enormemente importante en el caso de Luciano entre otros. Estos dos parámetros encuadran la obra lucianea que se traduce en la mayor parte de este volumen.

Las especiales características aludidas más arriba van a permitir fijarse, entre otros, en dos rasgos de la producción moreana no tratados en las obras traducidas hasta ahora, a las que se aludía en el párrafo inicial: (i) las habilidades de Moro como traductor —con todo lo que lleva consigo la traducción de unos escritos de cultura, conceptos, estructuras sintácticas y léxico griegos—[4], y (ii) los inicios de Moro como autor, algo que va a revelar parte de su pensamiento inicial sobre algunos temas que aparecerán en obras posteriores de enorme relevancia. El primero de estos aspectos se aborda básicamente en el apartado de esta introducción dedicado a "Moro como

---

[2] Aunque, en el caso de Luciano, puede hacerse referencia a sus *Epigramas*, por más que no haya total acuerdo en su verdadera autoría (cf. Alsina, 1981: 27-28).

[3] Cf., entre otros, Bowersock (1985: 704), Bowie (1985: 726), Ransom (2013: 164).

[4] Resulta necesario referirse aquí a una cualidad especialmente novedosa de este volumen, como es todo lo que origina la trasposición del original griego al latín como lengua de destino, o la localización y estudio de la motivación de algunos añadidos moreanos sobre la fuente lucianea. En este sentido, se ha realizado una labor especial de anotación que, aunque no es exhaustiva, pretende reflejar lo más relevante y llamativo en este ámbito.

traductor" (§ 5), mientras que al segundo se le ha otorgado un tratamiento más transversal, aunque será especialmente estudiado en tres epígrafes concretos: "Luciano y Moro" (§ 3), "Respuesta moreana al *Tyrannicida* de Luciano" (§ 4.3.2) y "Necesidad y utilidad de la traducción del texto moreano" (§ 7).

Por las características particulares señaladas, esta introducción incluye unos contenidos concretos que considero necesario tratar, y que se estructuran del siguiente modo: tras realizar una somera presentación de la figura del autor que Moro ha escogido como fuente de sus traducciones (§ 2), se pasa a explicar cuáles han podido ser los motivos que llevaron al autor inglés a interesarse por Luciano y el tipo de relación que se puede establecer entre ambos (§ 3). A continuación, se presenta cada una de las obras traducidas (§ 4) y se dedica un apartado a la labor de Moro como traductor (§ 5). Siguen unas notas sobre la publicación que se hizo de las obras moreanas en los primeros años tras ser escritas (§ 6) y una justificación más pormenorizada de la necesidad y utilidad de la traducción de los escritos que constituyen este volumen (§ 7). La introducción se cierra con algunas observaciones sobre el tipo de traducción que se lleva a cabo aquí, así como con ciertas advertencias de carácter formal en torno a la anotación de variantes latinas sobre el texto original griego, o sobre las fuentes textuales y bibliográficas utilizadas.

2. Luciano de Samósata como autor-fuente

El autor —original de Samósata y con fecha de nacimiento en torno al 120-125 d. C. y de muerte alrededor del

180 d. C.— emplea dos nombres, sin que pueda saberse con certeza si alguno de ellos o ambos son pseudónimos: Luciano (*Loukianós*) y Licino (*Likînos*)[5]. Después de su formación en retórica, Luciano se dedicó a dar conferencias como sofista ambulante[6]; trabajó también como asistente del gobernador de Roma en Egipto para asuntos judiciales.

Fue Luciano un escritor de obra original y extensa —así como difícil de clasificar[7]— que, entre otros, recoge elementos de la literatura forense, del diálogo platónico (banquete, conversación simple o entre discípulo y maestro), o del género filosófico.

Dentro de la parte de su obra que interesa reseñar aquí especialmente, y entre los escritos de tendencia retórica y sofística, se situaría el *Tyrannicida*[8], mientras que en los escritos dialogados en los que el autor fustiga la superstición podría situarse el *Philopseudés*. Si se atiende a la forma, hay que dejar constancia de que Luciano es un autor que combina el diálogo al estilo platónico con la comedia; quizá el *Menippus* —diálogo de naturaleza filosófico-moral y satírica— fue escrito a raíz de su viaje a Antioquía. En cuanto al *Cynicus*, aunque podría englobarse también en el grupo mencionado, tal vez sea más acertado entenderlo como un diálogo de crítica de la actualidad (Alsina, 1962: liii-liv) y/o de sátira social (García Valdés, 2004: ix).

Como se ha anunciado, puede pensarse que, dentro de las tendencias literarias principales de la época de

---

[5] Cf. nota al inicio de la traducción del *Cynicus*.

[6] Cf. al respecto las matizaciones de Bowie (1985: 725, 727).

[7] Cf. Gómez C. (2019a: 238).

[8] Cf. Alsina (1962: liii).

Luciano, este se encuadra dentro de la creación retórica, que sin duda es deudora de varios géneros precedentes[9], estudiados y combinados de manera inteligente; en particular, la unión del género del diálogo y de elementos tomados de la comedia griega —más de la Nueva que de la Antigua— puede ser una de las aleaciones más originales. No es descartable su deuda con la sátira menipea y con elementos propios de esta, como son la combinación de lo serio y lo satírico, la presencia de ciertos tipos de personajes (como filósofos[10], supersticiosos, nuevos ricos, aduladores, avaros, misántropos, incrédulos, etc.), la aparición de parodias y cierto fondo edificante, etc.

Con respecto a la lengua de Luciano, cabe decir que, al igual que sus contemporáneos de la Segunda Sofística, no utiliza la lengua hablada de su época[11], sino que trata de imitar los grandes modelos de la época clásica de los ss. v-iv a. C. en su aticismo, que conoció bien. También en su estilo hay cierta imitación, pero siempre con sello propio: introducción de citas con finalidades concretas; uso de proverbios más o menos populares, de símiles y metáforas, de anécdotas y fábulas; construcción de periodos bien equilibrados y elegantes; empleo de un vocabulario rico[12], etc.

En lo que concierne al mundo de las ideas en Luciano, y de modo somero, existe cierto debate entre quienes lo consideran un pensador auténtico y los que opinan que la finalidad de Luciano no es otra que la humorística,

---

[9] Cf. Bowie (1985: 726, 728).

[10] Cf. Bowie (1985: 724).

[11] Cf. Alsina (1981: 41).

[12] Cf. Alsina (1981: 44-45).

para ganarse así a su público. Entre estos polos, hay también quien da por cierta la intención moralizadora de Luciano, que ataca, quizá más en las obras últimas, todo lo que hace referencia a la falta de coherencia y a lo poco auténtico, pero también en ocasiones a lo que atañe a la religión. Según Alsina (1981: 23), dentro del ambiente espiritual y religioso del s. II d. C., Luciano se caracterizaría por un racionalismo a ultranza, conducente al ateísmo y a un completo agnosticismo, lo cual lleva también a un escepticismo notable[13]. Otro elemento importante del ambiente de la época de Luciano es la superstición, como se refleja en varias de sus obras.

Pese a no ser un autor literario de la máxima talla, la influencia de Luciano ha sido muy potente —al mismo tiempo que intermitente— en los siglos que le siguieron. De acuerdo con Alsina (1981: 56), hay determinadas épocas —como el Renacimiento (y su unión con el espíritu erasmiano) o la Ilustración— que pueden calificarse de especialmente lucianescas, dadas sus características específicas en lo que toca a su naturaleza de etapas de transición y en las que la sátira adquiere especial importancia. Es en el temprano Renacimiento cuando se edita a Luciano y van apareciendo traducciones a las principales lenguas occidentales; traducciones y ediciones que se multiplican en el s. XVI, que se revela como el momento de gran influjo de Luciano: Erasmo es un claro ejemplo[14].

---

[13] Bien patente, por ejemplo, en su *Hermótimo*.

[14] Cf. Alsina (1962: lxviii-lxx; 1981: 56-61), quien, sin embargo, solo menciona de pasada (1962: lxx) el tratamiento de Luciano por parte de Moro, sin duda menor que el de Erasmo, quien tradujo veintiocho diálogos lucianeos (cf. Taylor, 2014: 1047-1048).

14

3. Luciano y Moro

Parece que Moro fue el primer escritor inglés que tradujo a Luciano al latín[15], y sus versiones fueron las primeras impresas de un literato inglés; exceptuando dos cartas y su réplica al *Tyrannicida* de Luciano, estas traducciones son las composiciones más tempranas de Moro en prosa que se conservan, y las primeras moreanas de cualquier tipo en ser impresas si se exceptúa la dudosa primera edición inglesa de la vida de Pico della Mirandola y dos epigramas dedicados a John Holt.

Entre las razones y propósitos de que Erasmo y Moro eligieran a Luciano como autor griego para realizar versiones latinas, jugó sin duda un papel importante el hecho de que Luciano fuera un autor del gusto de ambos[16]: bromista, gracioso, con buenas historias y diálogos entretenidos; fue eso precisamente lo que debió haberle convertido en favorito de los utopienses, quienes tienen en alta estima la literatura griega y «se divierten mucho también con las bromas y agudezas de Luciano»[17] (*Luciani quoque facetiis ac lepore capiuntur*: *Utop.*, *CW* 4, 182/2-3). La combinación particular de diálogo y

---

[15] Cf. Thompson (1974: xxv).

[16] Cf. Thompson (1974: xli).

[17] Para una lectura e interpretación particular de esta afirmación, cf. Branham (1985: 32-40); el trabajo de Branham (1985) aborda asimismo la posible lectura de la *Utopía* a la luz de la influencia de Luciano en Moro, una cuestión estudiada también, previamente por Wooden (1972), quien se muestra abiertamente a favor de la influencia lucianea en la obra insignia de Moro. Recientemente, Avery (2017) discute algunas posturas de Branham (1985) y trata de mostrar que, sobre todo en el libro I de la *Utopía*, el diálogo que mantienen Hithlodeo y Moro revela una afinidad entre Moro y Luciano en su advertencia contra un idealismo "ensimismado".

comedia que realiza Luciano[18] es, en efecto, una amalgama que Moro explora en diversas obras, y de una manera particular en la *Utopía*[19], aunque esta obra recoge también influencias de otro tipo. En efecto, se pueden encontrar huellas de las lecturas de Luciano por parte de Moro en obras posteriores, como en algunos epigramas y cartas, la *Responsio ad Lutherum*, *The History of King Richard III*, etc. La ironía en sus múltiples sentidos y recursos ya presente en Luciano debió ser uno de los rasgos que más influyeron en Erasmo y Moro, a los que bien podría aplicarse el propósito de reírse al decir la verdad y viceversa, algo que parece clave para entender el *Encomium Moriae* y mucho de la *Utopía*: no en vano Moro promete en el título de su libro más conocido que este será «no menos útil que divertido» (*nec minus salutaris quam festiuus*)[20].

Aunque Moro tradujo —que nos conste— solo cuatro escritos lucianeos (tres diálogos y una *declamatio*), debió haber leído más. En la presentación de las obras traducidas que Moro hace a Thomas Ruthall al enviárselas se refiere a ellas como "primeros frutos" de sus estudios

---

[18] Cf. Thompson (1974: xix-xx), Alsina (1981: 35) o Gómez C. (2019a: 338; 2019b: 48); cf. también lo consignado en la sección anterior (§ 2).

[19] Sobre la relación entre la obra de Luciano y la *Utopía*, cf. también Marsh (1998: 193-197); Taylor (2014: 1048-1050), por su parte, deja ver esta relación sin que ello resulte excesivamente explícito; mucho más concreta y favorable a la influencia lucianea es la posición de Camerotto (2018). Por otra parte, Schön (2021) llama la atención sobre la potencialidad del autor griego para servir de modelo en la construcción de relatos de ficción, algo que no pasaría desapercibido a Moro.

[20] Cf. Thompson (1974: xlvii, l-lii).

16

de griego[21]; en efecto, parece que, entre otras razones que se verán más adelante, Moro también encontró en la realización de estas traducciones una forma de ejercitar su estudio de la lengua griega. Gran parte de este aprendizaje debió realizarlo Moro en Oxford, muy probablemente entre 1491-1494, y siguiendo la estela de maestros y especialistas como William Selling, Thomas Linacre, William Lily, John Colet o, sobre todo, William Grocyn[22]. Tras esos años, Moro seguiría intentado ampliar y perfeccionar su conocimiento de la lengua griega, y en ello tuvo que ver sin duda su amistad con Erasmo, que visitó Inglaterra por primera vez en otoño de 1499; en pocos años, su dominio fue notable, de modo que fue capaz de traducir a Luciano en 1505 o principios de 1506 de forma competente. Probablemente tradujo también por entonces algunos epigramas de la *Anthologia Graeca*, pero estos no fueron publicados hasta 1518[23]. La segunda visita de Erasmo a Inglaterra fue en 1505, y para entonces Moro estaba familiarizado con Luciano, autor al que quizá había descubierto por sí mismo. Es probable que Moro hubiera tenido acceso a la edición Aldina de Luciano de 1503 algo antes de la segunda visita de Erasmo, pero no existen pruebas de ello. Lo significativo es que a finales de 1505 o principios de 1506 ambos decidieron traducir al latín algunas obras del autor griego. Esa labor fue publicada, por iniciativa de Erasmo, en noviembre de 1506,

---

[21] Cf. Carta a Ruthall, § 6.

[22] Cf. Barron (2011: 11, 15), Taylor (2014: 1047).

[23] Cf. Cabrillana (2012: 21). En este mismo año está fechada una carta a la Universidad de Oxford en la que Moro realiza una seria y razonada defensa del estudio del griego: cf. Cabrillana (2018: 19-22; 117-130).

en París, por Badius Ascensius: un volumen que contenía dieciocho diálogos breves y diez más largos traducidos por Erasmo, y cuatro —si se incluye el *Tyrannicida*— traducidos por Moro, además de una *declamatio* original de cada uno y un poema de Erasmo titulado *De senectute*.

Estas traducciones fueron reimpresas nueve veces entre 1506 y 1534[24]: más incluso que la propia *Utopía*[25], algo que denota un alto interés por la obra de Luciano en tiempos de la vida de Moro. Las traducciones latinas de Luciano contribuyeron a su conocimiento en Occidente y a lograr una audiencia mayor que la que tenía hasta entonces[26]. Sin embargo, y a pesar de que las versiones que hicieron Moro y Erasmo fueron muy admiradas en el Renacimiento, estas no habían sido reeditadas desde 1689, si se exceptúa una edición foto-facsímil de 1963. Este hecho anuncia ya la necesidad de una actualización de las muestras del contacto entre Moro y el autor griego, como se matizará y ampliará más abajo[27].

Recientemente, Wegemer & Smith (2020: 17) se han preguntado por las causas del interés de Moro en Luciano y ofrecen como motivo de especial peso lo que el propio Moro señala en su carta-prefacio a Thomas Ruthall[28]: Luciano es un autor que censura en casi todos

---

[24] Cf. sección § 6 de esta Introducción.

[25] Esta fue reimpresa seis veces en latín, una en alemán y una en italiano antes de 1549 (cf. Thompson, 1974: xxv).

[26] Cf. Thompson (1974: xviii), Hosington (2009), Peterson (2020: 172-173).

[27] Cf. apartado § 7 de esta Introducción.

[28] Cf. Carta a Ruthall, § 1; este primer párrafo de la Carta resulta especialmente elocuente sobre algunos de los motivos que han movido a Moro a fijarse en Luciano.

sus escritos las fragilidades humanas con un humor a la vez muy entretenido y sincero[29]; y aunque lo hace de forma punzante, nadie se resiente con sus agudas palabras. Según Moro, Luciano encarna como nadie la máxima de Horacio sobre la mezcla de enseñar y divertir, personificando de modo particular el servirse de la literatura como un instrumento apto para combinar el *prodesse* y el *delectare*[30]. Por otra parte, no debe haber sido una causa menor para fijarse en Luciano, la potencialidad del autor griego para servir de modelo en la construcción de relatos de ficción[31].

La elección por parte de Moro del *Cynicus*, el *Menippus* y el *Philopseudés*, estaría justificada porque muestran extremadamente bien el arte de Luciano y coinciden particularmente con el gusto del humanista[32], especialmente en lo que toca a su ironía a la hora poner ante los ojos muchos de los errores más comunes de la vida de forma sarcástica, ironía a la que tan aficionado era Moro[33]; y ello, entendiendo el amplio sentido que puede tener en Moro la ironía[34]. El propio Moro —que piensa que todos utilizan este medio de expresión como forma de discurso— señala en su última obra, escrita durante su prisión en la Torre de Londres, que ese entender la ironía como

---

[29] Cf. también Thompson (1974: xix). Existen, por otro lado, opiniones que entienden que Moro era un tanto ingenuo en su juicio sobre Luciano: cf. Marsh (1998: 194).

[30] Cf., e.gr., Carta a Ruthall, §§ 1, 4. Cf., asimismo, Duncan (1979: 57-60) o Curtright (2012a).

[31] Cf. Schön (2021).

[32] Cf. Carta a Ruthall, § 1.

[33] Cf., e.gr., Thompson (1939: 855; 1940: 33-34).

[34] Cf. Thompson (1974: l-li), Wegemer & Smith (2020: 17).

forma de discurso es necesario para captar el sentido real del discurso, ya sea este literario o coloquial. Wegemer & Smith (2020: 17) concluyen que «like Socrates and Plato, More uses irony as a strategy to awaken and engage the intellect, in the service of discovery and deeper insight».

De forma añadida, y en lo que respecta a un común denominador de fondo en los diálogos lucianeos que Moro traduce, Wegemer (2011: 62-63) sugiere que en los tres se invita al lector a preguntarse por el origen de la estúpida confianza en sí mismos que tienen los personajes, o por cuál sea la superstición o dudoso principio que motiva su característica forma de vida[35].

Creo que aún podría verse un motivo más para confirmar el gusto de Moro por los diálogos lucianeos: el diálogo debió ejercer una atracción no menor en el autor inglés al utilizar —si bien de manera específica— la técnica de la argumentación, que Moro llegó a manejar con tanta maestría en varias de sus obras, como, por ejemplo, algunas de sus cartas más polémicas (Carta a Maarten van Dorp [1515], a Edward Lee [1519 y 1520], a un monje [1519], a Johannes Bugenhagen [1526], etc.); una técnica que su propio oficio de abogado le habría ayudado a desarrollar, aunque parece estar presente en Moro desde muy pronto.

---

[35] Sin embargo, Fox (1983: 38) tiene una visión particular de las motivaciones de Moro al escoger estos diálogos en su labor de traducción, que no resulta fácil asumir; así, Fox entiende que en el caso del *Cynicus*, por ejemplo, hay que entrever un trasfondo del dilema al que el propio Moro se enfrentaba en esos momentos de su vida: "wether to be holy or wise", un dilema que, por otro lado, presenta alternativas no mutuamente excluyentes desde mi punto de vista. En otro nivel, Peterson (2020: 185) subraya que en dos de los tres diálogos escogidos por Moro, los protagonistas evocan al propio Luciano.

20

Pienso que el manejo de la habilidad argumentativa se ve de manera particular en la respuesta de Moro al *Tyrannicida* de Luciano[36]; Moro es original en ella, combatiendo los imaginativos argumentos del diálogo lucianeo, y anticipando el pensamiento que desarrollaría en otras muchas obras. Esta respuesta fue calificada por Erasmo como un ejemplo de la elocuencia de Moro y de su fina inteligencia[37]. Moro habla en ella como ciudadano-orador que ofrece sus servicios a su patria y que se expresa con preocupación en torno a la ley y la libertad[38].

Puede sorprender que Moro se fijara en Luciano —un autor escéptico, ateo, que practicaba la burla—, pero la sorpresa no debe ser tanta si se distingue lo que a Moro le gustaba de Luciano y lo que rechazaba de él[39]: Luciano era realmente certero exponiendo la superstición y el fraude, y haciendo sátira de la hipocresía, algo que puede darse también en la religión que Moro consideraba verdadera; en esas facetas, hay quien piensa[40] que a Luciano se le puede considerar un autor moralizante, por más que este autor escriba también contra el cristianismo.

---

[36] En este sentido, Branham (1985: 25) señala la influencia que Luciano tendría sobre Moro en el cultivo de la retórica, por la que ambos tenían predilección, si bien la práctica moreana no era una rígida *imitatio* de los modelos clásicos. Chuilleanáin (2007: 60) subraya también el peso del cultivo de la retórica que tiene para Moro la fuente lucianea.

[37] Cf. Wegemer & Smith (2020: 18).

[38] Cf. *infra*, § 4.3.2.

[39] En esta línea, cf. lo que se señala en la nota de la Carta a Ruthall, § 4 y Thompson (1974: xxiii), así como las atinadas observaciones de Curtright (2012a: esp. 17-22).

[40] Cf. Thompson (1974: xlii). Branham (1985: 26-27), sin embargo, ve en la obra de Luciano un propósito fundamentalmente irónico.

Parece bastante cierto que las traducciones de Luciano se aplican a las enfermedades de la época renacentista, como puede verse en la carta a Ruthall, escrita quizá en abril o mayo de 1506. En la carta se aprecia que Moro aprueba el método de Luciano en tanto que este presenta de modo dramático, a través del diálogo, lo que quiere hacernos ver y pensar. Moro lo entiende como una forma de realizar una enseñanza moral[41], de servirse de la sátira y la ironía pero no de la malevolencia. De alguna manera, con su aprobación de aspectos de Luciano, está desarmando a quienes critican el paganismo del autor griego[42]; en cierto sentido, trata de 'perdonar' a Luciano fijándose de manera especial en los beneficios que proporciona, también de orden moral: se puede no aceptar su paganismo pero sí su exposición jocosa de la mentira y la hipocresía, así como su buen estilo[43].

De acuerdo con Smith (2012: 16), y armonizando lo anterior con lo que más arriba señalaba Wegemer (2011: 62-63) al referirse al denominador común de los tres diálogos elegidos por Moro, el hecho de que el humanista inglés los tradujera en una época temprana de su vida, pone de manifiesto algunas de sus preocupaciones clave como pensador y escritor: el conocimiento propio o la capacidad de gobernarse a sí mismo, el reto de vivir de acuerdo con la verdad, o la necesidad de contar con un

---

[41] Cf. Wegemer (2003 = 1995: 50), Peterson (2020: 175, 184).

[42] Cf. Thompson (1940: 7, 34; 1974: xliii).

[43] Cf. Carta a Ruthall, § 4. En este sentido, resultan también esclarecedoras las palabras de Curtright (2012a: 21): "More reads Lucian not despite Christian faith but in light of it. In this way, there is no contradiction between Christianity and reading Lucian".

ciudadano líder capaz de poner todos los medios para prevenir tiranías a todos los niveles, como se verá más concretamente en la presentación de las obras que constituyen este volumen en el apartado siguiente.

4. Los escritos traducidos

4.1. Carta a Ruthall

Las noticias de las obras traducidas solo las conocemos por Erasmo y por la carta sin fecha de Moro a Thomas Ruthall[44], por entonces secretario del rey, que da comienzo a los escritos traducidos aquí. En esa carta se nombran solo tres de las traducciones moreanas (*Cynicus*, *Menippus* y *Philopseudés*), algo que lleva a pensar que la otra traducción —la del *Tyrannicida*— fue posterior a la carta a Ruthall. Tampoco puede saberse con certeza el orden en que tradujo Moro esos tres diálogos; aparecen por el orden mencionado en la primera edición de 1506, pero no en la página inicial de la edición, donde se anuncian, por este orden, *Tyrannicida*, la *Declamatio* moreana, *Cynicus*, *Menippus* y *Philopseud*és. La serie de las obras en el original griego lucianeo no sigue esta secuencia en las ediciones de 1496 o en la Aldina de 1503. Thompson (1974: xxix) sugiere que el hecho de que el primero sea el *Cynicus* puede deberse a que Moro empezó por el más breve y sencillo.

---

[44] Para el contenido y otros aspectos relevantes presentes en ella, cf. el apartado anterior (§ 3) y las notas en la traducción de la misma.

4.2. Diálogos

4.2.1. *Cynicus*

La atribución del *Cynicus* a Luciano es debatida[45], por
más que parece claro que el estilo es propiamente lucianeo[46]. Personalmente, creo que los motivos de los problemas en torno a su autoría no poseen excesiva relevancia:
podríamos estar ante un juego irónico más de Luciano,
que tampoco se tomaría quizá muy en serio las posturas
de las distintas escuelas filosóficas, como podría cole-
girse de su *Philopseudés*.

En el diálogo —una sátira contra la sociedad de con-
sumo—, un cínico pregunta a su amigo Luciano[47] cuáles son las virtudes de una vida sencilla y descomplicada,
y se defiende la postura y conducta del filósofo cínico.
Este personaje muestra una argumentación segura de su
postura[48] que contrasta con la débil postura de Luciano.
Para el Cínico, la mejor opción es no poseer nada y vivir
de acuerdo con el estado en que nos pone la naturaleza,
mientras que Luciano defiende que si se nos proporcionan bienes y comodidades, es necesario disfrutarlas, de
modo que quien renuncia a ellas se convierte en presa
de un cierto auto encarcelamiento[49].

---

[45] Entre otras razones, por la posible incoherencia que implicaría
el hecho de que Luciano presente una defensa convencida de la secta
cínica, secta a la que el propio Luciano ataca en otras obras suyas: cf.
García Valdés (2004: XI).

[46] Cf. García Valdés (2004: 133).

[47] Como se señala en nota a la presentación de los personajes del
diálogo, Moro cambiará el nombre de Licino por el de Luciano.

[48] Cf. *Cynicus*, §§ 11-20.

[49] Cf. *Cynicus*, § 5; García Valdés (2004: 133).

La lección moral que pretende ofrecer el diálogo es que *radix malorum cupiditas est* —la raíz de todos los males es el deseo inmoderado— y que un hombre es rico en la medida en que puede permitirse no tener necesidad de más cosas de las estrictamente imprescindibles.

Aunque en cierta medida son matizables, no hay que descartar las motivaciones de profunda ironía que Fox (1983) ve presentes en este diálogo, así como el final abierto del mismo (1983: 40-41), aunque resulta más difícil de justificar la lucha de contrarios que entiende que subyace. Bien cierto es, con todo, que el filósofo cínico realiza una serie de exageradas extrapolaciones en su argumentación que resultan ser una poderosa arma de comicidad e ironía y que, a la vez, hacen poco creíble su razonamiento.

4.2.2. *Menippus* o *Necromantia*

En *Menippus*, este personaje —un tanto perplejo ante el comportamiento de los dioses que dejan ver los poetas, el desajuste entre los modos de conducirse divinos y lo que ordenan las leyes, la falta de acuerdo entre los filósofos sobre qué tipo de vida es mejor— emprende un viaje al Hades[50] en el que, tras varios encuentros con personajes ilustres, habla finalmente con Tiresias para que le aconseje sobre algo tan fundamental como cuál es el

---

[50] Se trata de una categoría mítica en el mundo clásico, que aparece de forma recurrente casi desde la propia *Odisea* homérica; en muchos de estos viajes, el héroe de leyendas míticas o épicas adquiere cierto conocimiento sobre su propia vida o sobre la muerte, o es puesto a prueba de algún modo.

mejor modo de vida que un hombre debe escoger; este le aconseja que no se tome las cosas en serio y viva el presente. Luciano ejerce una poderosa crítica de los filósofos —no solo de su profesión sino también de su incoherencia entre discurso y vida—, así como de otras realidades humanas, como pueden ser la búsqueda de las riquezas, la vanagloria o el poder como máximas aspiraciones de vida.

Se ha dicho que algunos diálogos de Luciano, como puede ser este, van configurando escenarios en los que introduce espectadores de lo que ha dado en llamarse el gran teatro o espectáculo del mundo[51]; de hecho, la imagen del teatro como trasfondo de la vida de los hombres tiene origen posiblemente en la escuela cínica y aparece en diversas obras de Luciano[52].

El *Menippus* es, sin duda, uno de los diálogos que aquí se recogen con un nivel de crítica social realmente notable; entre otros, un aspecto fundamentalmente ironizado es el de las diversas incongruencias —entre ejemplos de actuaciones divinas y leyes, entre lo que se dice y cómo se actúa—; se trata de actitudes y modos de vida sobre los que Moro volverá en otras obras, y de un modo irónico también muy concreto en los epigramas. Así, Moro atacará e ironizará sobre diversas manifestaciones de incoherencia[53], sobre la dificultad del (re)

---

[51] Cf. *Menippus*, especialmente §§ 16 ss.

[52] Cf. Jufresa (2003) y Jufresa & Vintró (2013: XIII).

[53] Cf., e.gr., epigrama n. 36: un barco quemado huye del mar pero pide auxilio al agua; n. 86: los maridos se quejan de las esposas pero no dejan de casarse, algo que conduce a profundizar en la ironía en n. 87: la esposa puede ser útil si se muere pronto y deja dinero en herencia.

conocimiento propio[54], sobre la avaricia[55], etc. Estos y otros muchos rasgos en los que no se puede entrar aquí apuntan a la coherencia y unidad global que existe en el pensamiento y la producción literaria del humanista inglés desde sus inicios[56].

4.2.3. *Philopseudés*

La pieza dialogada más larga es el *Philopseudés*, una potente sátira sobre cómo se puede llegar a ser tremendamente crédulo; es algo que afectará no solo a los ingenuos sino también a los filósofos.

Por medio de las diversas historias, fantasiosas cuando menos, que cuenta el escéptico Tiquíades y otros recursos —como la mentira, también ante sí mismos, y la falta de honestidad de algunos de sus amigos—, Luciano quiere convencer al lector de que el censurable hábito de mentir puede corregirse o más bien contrarrestarse a través del constante escepticismo. La narración de los relatos escasamente verosímiles que el propio Tiquíades tilda de "relatos increíbles y fabulosos" constituyen, con mucho, la parte más amplia del diálogo.

No es fácil distinguir en esta pieza literaria un posible doble plano: el de la mentira canónica y el de la creencia o utilización de lo fantasioso; el único caso en que parece que podría disculparse el primer plano sería aquel en que la

---

[54] Cf. epigramas sobre pinturas que no reflejan la realidad, como los nn. 87-88; 92, 94; 185-186.

[55] Cf. epigrama n. 90, donde se habla de un médico avaricioso que mata con medicina falsa y cara.

[56] Cf. Curtright (2012a).

mentira se utiliza ante un enemigo para sacar un provecho para sí o para los demás[57]. El segundo, sin embargo, no parece excusable en ningún supuesto. Ahora bien, según algunos estudiosos[58], esta afición por lo fantasioso no respondería tanto a una voluntad positiva de mentir, como más bien al resultado de un conjunto de influencias que, provenientes del Oriente, se habían ido infiltrando en Grecia; asunto distinto es que el diálogo pretenda ridiculizar el crédito excesivo que podía darse a este modo de explicar la realidad o más bien a lo que se escapaba del mismo[59].

Por otro lado, no se puede olvidar que la línea divisoria entre la mentira y la ficción no siempre aparece claramente definida ni marcada, especialmente en ámbitos literarios; en este sentido, existe también una conexión con todo el universo mitológico[60] y literario[61], aspecto amplísimo y delicado en el que no es posible entrar aquí.

Quizá podrían distinguirse diferentes tendencias filosóficas en los personajes introducidos en el diálogo[62] —filosofía peripatética (Cleódemo), estoicismo (Dinómaco), filosofía platónica (Ión), filosofía pitagórica (Arignoto)—, pero, a la vez, no hay rasgos muy propios que permitan una diferenciación clara entre ellos, hasta el punto de que podrían atribuirse intervenciones cruzadas; esto podría

---

[57] Cf. *Philopseudés*, § 1.

[58] Cf. Navarro (1988: 195).

[59] Cf. notas correspondientes a este aspecto, a raíz de algunos delicados aspectos léxicos de este diálogo, §§ 1-2. Asimismo, cf. la juiciosa distinción que manifiesta Tiquíades en *Philopseudés* (§ 10) entre el modo de creer en los dioses pero no en ridículas fantasías.

[60] Cf. Bowie (1985: 724).

[61] Cf., e.gr., alusiones en *Philopseudés*, §§ 2-4.

[62] Cf. especialmente *Philopseudés*, §§ 6-7, 23.

ser un indicio de que Luciano no pensaba realmente que alguna de estas (¿u otras?) orientaciones filosóficas estuviera más cerca de la verdad que otra; al mismo tiempo —y me parece más coherente esta segunda opción—, es posible que Luciano esté intentando mostrar al destinatario de su obra no tanto lo que diferencia a estas escuelas filosóficas sino más bien lo que les une en el contexto en que las trae a colación, y que quedaría englobado en términos generales en el propio título del diálogo.

Aunque Luciano —si se da por buena la propuesta de que el autor está de alguna manera representado en Tiquíades— hace lo posible por resistirse a creer las diversas historias que se le van presentando, termina la reunión con ciertas muestras de que su firmeza para negar la verdad o verosimilitud de los relatos escuchados ya no es tan fuerte como al inicio del diálogo[63]. Con todo, creo que la afirmación final de Tiquíades quiere transmitir lo que es su última palabra sobre el mundo de las fantasías inverosímiles: "tenemos un gran remedio contra esas cosas (*sc.* los relatos fabulosos e improbables): la recta verdad y la razón en todo; si las utilizamos, no nos veremos turbados por ninguna vana y estúpida mentira de esta clase".

4.3. *Declamationes*

4.3.1. *Tyrannicida*

Las tres piezas anteriores no presentan especiales dificultades desde el punto de vista más sintáctico-semántico

---

[63] Cf. Navarro (1988: 196).

y formal. Con el *Tyrannicida* se entra en un género literario algo diferente del diálogo: se trata de una clase específica de discurso retórico (*declamatio*) del tipo de la *controuersia*[64]; utilizada para los discursos forenses de demandas civiles o criminales, en cierta medida acabó degenerando en una especie de representaciones extravagantes, más bien exhibiciones de virtuosismo[65], que plantean un caso ficticio, en ocasiones con una alta dosis de imaginación e improbabilidad[66].

En esta obra, Luciano presenta el discurso de un demandante que reclama ante un tribunal la recompensa estipulada para el ciudadano que matara al tirano de la ciudad. En realidad, a quien el demandante había conseguido matar era al hijo del tirano, aunque, como consecuencia, el tirano en persona, al encontrar a su hijo atravesado por una espada, se quitara la vida con la misma arma; por eso reclama la recompensa, probablemente solicitada por otro ciudadano. El demandante presenta una original argumentación de por qué él es quien debe obtener la recompensa: no solo ha muerto el tirano sino también su descendencia, con lo que ha liberado a la ciudad de males presentes *y* futuros.

Así, el discurso de defensa parte de una cuestión más bien de detalle[67]: si el demandante es merecedor de la

---

[64] Practicada, e.gr., por Séneca el Viejo.

[65] Para las críticas que mereció este tipo de composiciones por parte de Juvenal, Tácito o Quintiliano, cf. Thompson (1974: xxxiii-xxxiv).

[66] En efecto, como tales han de juzgarse las correspondientes respuestas a este discurso que escribirían Erasmo y Moro; ambos tradujeron también esta pieza lucianea, en una suerte de competición entre los dos escritores y amigos.

[67] Cf. Jufresa *et al.* (2000: 138-139).

recompensa prometida a quien acabara con el tirano, aunque su desaparición haya sido realmente una consecuencia de la acción principal —el asesinato del hijo del tirano— cometida por quien reclama la recompensa. Esta cuestión parece sofística y permite el lucimiento del orador creado por Luciano, tanto en una argumentación política (la tiranía ha sido aniquilada) como jurídica (interpretación de la ley). Los argumentos con respecto a la cuestión política son los habituales —auto-otorgamiento del poder, aislamiento del gobernante que genera así gran desconfianza y malestar entre sus súbditos, generación de una costosa guardia personal—, no por ello poco reseñables; por lo que se refiere a la discusión jurídica —si se trata en realidad de acabar con el tirano o con la tiranía, si hay que juzgar en sentido estricto la acción del demandante o las consecuencias de ella—, la argumentación parece dar la razón al demandante: si la tiranía ha sido desbancada, lo ha sido *gracias* a su acción. De manera añadida, se plantea la necesidad o no de entregar la recompensa prometida legalmente: si no se hace, parecería que se cuestiona la vigencia de las leyes como instrumento de la convivencia democrática que se quiere recuperar tras la desaparición de la tiranía; en definitiva, «una cuestión de *doxa*, habitual en la lógica política de la Grecia clásica, más que de realidad: *con una fina ironía se demuestra pues que los gestos en política cuentan más que las acciones*»[68] (Jufresa *et al.*, 2000: 140).

Efectivamente, Luciano y, por ende, Moro, proveen la posibilidad de aplicar a las situaciones más actuales un análisis que aparece ya en la historia antigua. Moro dará unos pasos más, como se comenta en la presentación de su respuesta[69].

---

[68] Destacado tipográfico mío.

[69] Cf. apartado siguiente (§ 4.3.2).

La exageración que afectó a este tipo de discurso y los temas absurdos que en muchas ocasiones se trataban han de tenerse en cuenta para la correcta identificación del género. No sin razón, Thompson (1974: xxxvi) piensa que quizá hay que leer como una *declamatio* la propia *Utopía* o su segunda parte, o al menos ciertos pasajes, como los de la permisividad ante el suicidio o la eutanasia; las ambigüedades y los niveles de interpretaciones posibles serían parte del encanto de la *Utopía*.

Jufresa *et al.* (2000: 137-140) sostienen que esta obra —como no podía ser de otra manera— constituye un ejercicio de retórica por excelencia, la *meléte*, que engloba una importante serie de elementos con el propósito de mostrar el poder de la palabra y el espectáculo que esta puede llegar a proporcionar: «Elocuencia, elaboración cuidada del estilo, un cierto gusto por lo antiguo y, a partir de aquí, libertad total de tratamientos» (Jufresa *et al.*, 2000: 137). Al elegir el tema de la tiranía, Luciano toma partido por la tradición que considera que esta forma de gobierno implica una usurpación de los derechos naturales del ciudadano. En consonancia con ello y según la tradición sobre todo griega, aniquilar al tirano, por más que sea un magnicidio, no sería reprobable ni ética ni legalmente.

4.3.2. Respuesta[70] moreana al *Tyrannicida* de Luciano

Como el propio título del apartado indica, nos enfrentamos ahora a un escrito original de Moro, elaborado

---

[70] En adelante, me referiré a esta obra de modo abreviado como *Responsio*.

32

en respuesta a la anterior *declamatio* de Luciano; no es, por tanto, una traducción del griego. Esta contestación al *Tyrannicida* dobla en extensión a la obra lucianea; es esta una de las razones por la que su presentación ocupa un espacio mayor dentro de esta sección introductoria.

La repuesta de Moro a Luciano es también un ejercicio de retórica y una crítica del vocabulario propio de esta. En ella, Moro se revela entusiasta y resolutivo en la argumentación; puede resultar sofístico en conjunto, pero tiene algunos pasajes que expresan sentimientos genuinos y llegan a una cierta elocuencia. Su latinidad es ensalzada y bien juzgada por un experto en ella como Erasmo[71].

Los argumentos en los que se basa la contestación moreana son similares a aquellos que utiliza Erasmo en la suya, aunque la de este es tres veces más extensa y detallada. Ambos arguyen que, puesto que el demandante no ha matado al tirano sino a su hijo, no es merecedor de la recompensa que solicita; en sentido estricto, no ha habido tiranicidio. La liberación del tirano ha sido un regalo de los dioses y como tal ha de considerarse. ¿Cuál ha de ser la postura de los jueces para con quien reclama esa recompensa? Evidentemente, no concedérsela, pero sí otorgarle el perdón por su acción, por más que su petición de la recompensa por tiranicidio sea enormemente

---

[71] Cf. Erasmo, *Ciceronianus*, LB, I, 1013A: *dicendi genus quod assequutus est magis vergit ad Isocraticam structuram ac dialecticam subtilitatem quam ad fusum illud Ciceronianae dictionis flumen, quamquam urbanitate nihilo M. Tullio inferior est* («el modo de expresión que ha adoptado tiende más a la disposición y a la precisión dialéctica de Isócrates que a aquel fluir ilimitado de la forma discursiva de Cicerón, aunque no es inferior a este en lo que respecta al refinamiento estilístico»).

absurda e ilógica; el asesinato del hijo del tirano no se ha cometido, además, de forma premeditada.

Creo que uno de los aspectos más reseñables aquí es el paso que Moro da más allá de los planteamientos de Luciano y, quizá aún más, el trasfondo de pensamiento político y humanístico presente en esta obra temprana del autor inglés.

Así, una de las cuestiones básicas que Moro plantea es qué es realmente un tiranicida y si se puede permitir un tiranicidio, todo ello teniendo en cuenta el concepto de "tiranía" que se tenía en el s. xvi, parcialmente distinto del que había sido más normal varios siglos atrás en el mundo clásico[72], si bien hay claras huellas clásicas en la forma de usar el concepto por parte de Moro[73]; de acuerdo con Thompson (1994: 150), incluso en la época en que vivió Luciano, la tiranía era más un tópico de discusión para educadores, retóricos y filósofos que una cuestión meramente política.

Según Holloway (2015: 20), Moro, en su fino análisis del discurso del tiranicida lucianeo, advierte ya de un error de base en la argumentación[74]: la tiranía está, por definición, ejercida por *una* sola persona, no por *dos*, como pretende quien solicita la recompensa. Este argumento, que podría verse bastante débil y desde luego matizable pero no por ello menos obvio, sirve a Moro para sugerir que el hecho de que gobierne uno solo de modo tiránico es una manifestación del desorden dentro de la persona. Así, aunque existen otras formas de gobierno

---

[72] En este sentido, cf. Baumann (1985).

[73] Cf. Logan (2007).

[74] Cf. *Responsio*, § 10.

que acaban en una sola persona como las buenas monarquías, la diferencia es que un buen rey gobierna pensando en el beneficio de sus súbditos y el malo o el tirano, pensando en sus propios intereses, hasta tal punto que no está dispuesto a compartir el poder[75].

En su respuesta a Luciano, Moro cambia su voz por la de un defensor de la democracia y la república, y arguye que el asesino en realidad puso en peligro el gobierno por su incompetencia y su asesinato equivocado[76]; consecuentemente —argumenta Moro—, honrar a tal ciudadano sería poner en peligro real a la república[77]. Wegemer (2011: 59; 2012: 150-151) sugiere que en el momento en que Moro escribió esta respuesta a la obra de Luciano, el autor inglés quizá tenía en mente el peligro que podía acechar a su patria y su persona ante algunas actuaciones de Enrique VII. Holloway (2015: 19) —creo que con razón—, extiende esta preocupación a otros monarcas de la época y a un peligro siempre presente[78].

Resulta además iluminadora la observación de Wegemer (2011: 59-60, 61-62) que entrelaza tres realidades nucleares en el pensamiento de Moro en esta obra: presenta la *libertas* como la condición de la *humanitas* más apreciada por los dioses y de la que depende una *respublica* en la que se respete la ley[79], los dioses y la vida humana. Entre las muchas ideas presentes o latentes en esta *Responsio* que se muestran útiles para todo momento

---

[75] Para estas y otras reflexiones de la argumentación de Moro, cf. Holloway (2015: *passim*).

[76] Cf. *Responsio*, §§ 34, 36.

[77] Cf. Wegemer (2011: 58).

[78] Cf. también Corral (2012: 74-75).

[79] Cf. Corral (2012: 76-80).

histórico está la que deja ver que seguridad y *libertas* no son posibles sin buenas leyes y medios para que estas se cumplan adecuadamente; o la interconexión entre el respeto a los dioses, el cumplimiento de las leyes, la *libertas* y la seguridad y prosperidad de la *respublica*; o bien la afirmación de que un buen gobernante no solo necesita de habilidades como tal, sino, además, de las virtudes para ejercitar esas habilidades: virtudes necesarias especialmente para contrarrestar los deseos de poder, placer, gloria o inclinación a imponer la propia voluntad. Cuando la propia voluntad adquiere rango de ley, esa ley no es tal en el sentido habitual de la palabra, esto es, como un principio independiente de la voluntad de toda persona de manera singular.

Thompson (1974: xxxviii, 149-151) plantea que puede ser interesante comparar la argumentación de Moro con las obras clásicas y cristianas sobre la tiranía para ver su conocimiento de estas; parece claro que conocía la obra de Platón[80], Agustín (*De ciuitate Dei*), Plutarco, Tucídides, Salustio, Livio, Suetonio o Tácito[81] y es obvio el temprano interés de Moro en el tema de la tiranía, y que su formación como abogado e intelectual le habría proporcionado familiaridad con estos temas; es posible que al principio fuera un interés más literario, y que con el tiempo fuera tornándose más personal y político[82]. En todo caso, su preocupación por la tiranía y su posición en

---

[80] Cf. Holloway (2015: 20-25).

[81] Estos dos últimos con menos probabilidad, al menos tan pronto como en 1506.

[82] Cf. Thompson (1974: xxxix). Wegemer (2012), por su parte, entiende que la preocupación de Moro en su juventud quizá no era propiamente la tiranía, sino que tenía que ver más con las condiciones para poseer paz, prosperidad, libertad y amistad cívica.

torno a ella están absolutamente fuera de duda[83]. Moro explicitará que el deseo de poder ciega al tirano y le lleva a actuar con crueldad y violencia, y a no respetar las leyes divinas ni humanas, anulando el respeto por la vida de los ciudadanos. El tirano es esclavo de sus pasiones: con una aparente libertad total, en realidad no la tiene, ya que es incapaz de ejercer la que conduce a la verdadera felicidad humana. El tirano ha sustentado su vida en la posesión de todo el poder, y este será siempre insaciable, así como en una suficiencia en sí mismo, y esta le bloquea e incapacita para la felicidad real.

La argumentación de Moro no solo advierte contra los peligros de la tiranía, sino sobre la dificultad de corregirla o acabar con ella, como puede haberse colegido del *Tyrannicida* lucianeo; reside en el interior de la persona y en que la razón dirija las inclinaciones del cuerpo y del espíritu. Podrá intentarse contrapesarla, contrarrestarla, pero probablemente no erradicarla[84]; serán sobre todo unos dioses benevolentes que se preocupan de la justicia y que tienen poder sobre los asuntos de los hombres quienes consigan detener la tiranía. Sin embargo, este hecho no es del todo real, ya que no existe una suerte de imposición de la voluntad divina sobre las personas, sino la posibilidad de una cierta curación. En el lado contrario, la opción que elige el tirano —su suicidio— no es una vía de progreso sino de aniquilación.

A pesar de que la *Responsio* no sea en sí una obra claramente cristiana en su forma, pre-asunciones, etc.,

---

[83] Cf., entre otros, los argumentos de Logan (2007), Corral (2012), Guy (2012), Cabrillana (2014) y la bibliografía ahí citada.

[84] Cf. Holloway (2015: 31).

también acorde con la época en la que se sitúa, es enteramente compatible con los principios cristianos que más tarde se extenderán y conocerán como tales; la razón prepara el camino a la fe y es perfeccionada por ella[85].

Por otro lado, como discurso judicial que es, Moro cuida su estructura[86], de forma que pueden distinguirse las partes que la retórica clásica aconsejaba —*exordium, narratio, diuisio, confirmatio, refutatio, peroratio* o conclusión— y que se irán indicando a medida que hagan su aparición en el propio discurso.

Entiendo que no está de más pensar que el interés de Moro en esta contra-argumentación o *responsio* y su forma de hacerla estaría también favorecida por las habilidades que, como abogado, el escritor inglés estaría desarrollando en esos momentos. Moro es, a la vez, retórico y hombre de leyes; se sirve de cierta ironía y sarcasmo, pero sin olvidar las coordenadas del aparato legal en el que ha de moverse ni los argumentos morales. Sus argumentaciones están realmente bien articuladas y revelan la fina inteligencia del autor.

5. Moro como traductor

Fue Moro un traductor cuidadoso[87], que trató de incluir en su versión latina cada aspecto presente en el original

---

[85] Holloway (2015: 33).

[86] En este sentido, resulta muy interesante el análisis que realiza Ransom (2013), que argumenta además la variedad de estilos que es capaz de adoptar Moro en consonancia con la finalidad de cada parte del discurso.

[87] Se cuenta con el dato de que muy probablemente Conrad Goclenius —profesor de Latín en el *Collegium Trilingue* de Lovaina

griego —por más que a veces cambie algunas construcciones, como es de esperar en él—, aunque su traducción podría parecer a veces literal, algo que se da también en otros traductores del s. XVI; es más, hay quien ha encontrado a Moro incluso demasiado literal, mientras que otros consideran la traducción de Luciano por parte de Moro como un modelo. En relación a la dificultad que atañe a la tarea de traducción aquí practicada, conviene recordar el juicio de un experimentado y gran traductor al latín de textos griegos como Erasmo, quien señala que *nihil esse difficilius quam ex bene Graecis bene Latina reddere* (EE, I, 393.100-101.: cf. Thompson, 1974: xli). Quizá fuera el *Philopseudés* el diálogo más difícil de trasladar a la lengua latina para Moro, ya que cuenta este con una combinación y encadenamiento de relatos y personajes que requieren una mirada muy atenta por parte del traductor; asimismo, las oraciones en general son más largas, con las dificultades que ello conlleva para articular con claridad coordinaciones y, sobre todo, períodos subordinados.

En un interesante estudio, Pawlowski (2010) señala la clara habilidad de Moro para traducir al latín la lengua griega y se pregunta por los casos en los que Moro se aparta del original: ¿cuál es su auténtica motivación? ¿Se trata de meros errores de Moro o está el inglés tratando de reescribir en cierto sentido el texto lucianeo y proporcionar un punto de vista personal? Sin embargo,

---

(1519-1539)— dedicó a Moro su traducción del *Hermotimus* lucianeo en 1522 al conocer el prestigio de Moro como traductor del autor griego (cf. Thompson, 1940: 12). Una muestra del aprecio y la amistad entre Goclenius y Moro puede verse en la carta incluida en Cabrillana (2018: 185-187).

y a pesar del valor que tiene su localización de los cambios, añadidos u omisiones que encuentra en el texto moreano, la autora no llega a proporcionar una respuesta clara a la duda sobre la intención o motivación de Moro en los diversos pasajes analizados.

Previamente al trabajo de Pawlowski, Rummel (1985) había realizado un estudio algo más general y parcialmente comparativo de las formas del verter al latín el original griego que muestran Erasmo y Moro, aunque se centra con mayor detalle en la labor del humanista holandés; es en las páginas dedicadas al análisis de la traducción del *Tyrannicida* por parte de los dos amigos donde la autora —(1985: 64-68)— aporta más datos comparativos. De ellos puede concluirse que si bien el altísimo conocimiento y habilidad de ambos en la labor de traducción es incuestionable, Erasmo tiende más al ornato y la elaboración, a la expansión a veces innecesaria de la idea y expresión griegas[88], a la ocasional diferencia de matiz

____

[88] E.gr., sustituyendo un verbo simple griego por una paráfrasis que implica utilizar un verbo más un objeto o —en el plano nominal— un sintagma compuesto de nombre más genitivo; en otras ocasiones, la falta de precisión en la palabra latina escogida le obliga a incluir una fórmula explicativa que a menudo comienza por *id est...*, etc.: cf. Rummel (1985: 58-59). Jolidon (1980: 43-53) da buena y concreta cuenta del gusto que exhibe Erasmo por esas expresiones de mayor volumen, sonoridad y complejidad frente a Moro. El mayor grado de elaboración por parte de Erasmo parece claro (cf. Rummel, 1989: 74, *passim*); sin embargo, desde el punto de vista de la pretendida finalidad de un discurso de este tipo, la propia Rummel (1989: 74) reconoce lo siguiente: «Erasmus delights in *copia*, More knows the virtue of brevity. As a speech to be delivered before a live audience, More's is perhaps more effective». En efecto, también Erasmo —por ejemplo, cuando encomienda a Moro la defensa de su obra *Elogio de la locura*— pensaba que, como abogado, Moro podía defender dignamente los casos que incluso no lo merecían (cf. Marsh, 1998: 169).

semántico en algunas palabras[89], etc.; por su parte, Moro ofrece una traducción llana que sigue la estructura griega siempre que la lengua latina lo permite[90], es conciso[91], más elegante y económico, con muy pocas omisiones y con ausencia de malinterpretaciones o errores (Rummel, 1985: 66-67). En definitiva, la autora entiende (1985: 65) que la forma de traducir de Moro parece adecuada y

---

[89] Cf. Rummel (1985: 61); la estudiosa (1985: 61-62, 67) admite también la presencia de algunas malinterpretaciones —no siempre corregidas en ediciones posteriores— o de errores provenientes del desconocimiento de precisiones geográficas, históricas o técnicas.

[90] Rummel (1985: 67) se plantea que la versión de Moro podría ser menos afilada que la de Erasmo y señala apenas algunos desajustes, como cuando el humanista inglés incluye una repetición de *non* al inicio de una serie de preguntas enfáticas (*Tyrannicida*, § 10: *Non uolui? Non ascendi? Non peremi? Non liberaui?*); sin embargo, lo que Rummel entiende de forma negativa, es en realidad una muestra más de la hábil fidelidad de Moro al original griego, que, en efecto, presenta la misma fórmula: οὐκ ἐβουλήθην; οὐκ ἀνῆθλον; οὐκ ἐφόνευσα; οὐκ ἠλευθέρωσα;. Es más, en la relación de preguntas que sigue inmediatamente, la variación que realiza Luciano es de nuevo recogida por Moro con un esmero extremado, que, sin embargo, no veo servil: μή τις ἐπιτάττει; μή τις κελεύει; μή τις ἀπειλεῖ δεσπότης; μή τις με τῶν κακούργων διέφυγεν; οὐκ ἂν εἴποις. – Num *imperat* quisquam? Num *iubet* quisquam? Num *dominus minatur* quisquam? Num me *maleficorum effugit* quisquam? Non *dixeris*. Con todo, como se dirá a continuación, la valoración que realiza Rummel sobre la labor de traducción es más positiva en el caso de Moro.

[91] El juicio de que en ocasiones Moro puede resultar un tanto "plano" queda justificado, en opinión de Rummel (1985: 68), por el tono que tiene en sí el original griego. No está de más consignar aquí lo que piensa Jolidon (1980: 43), a saber, que Moro consideraba tanto su traducción del *Tyrannicida* como su *Responsio* a la *Declamatio* lucianea como «purs exercices d'style, indignes d'être imprimés et même d'être offerts»; habría sido más bien el empeño de Erasmo en presentar un manuscrito de cierto volumen el que le llevó a incluir las obras de Moro junto a sus propias traducciones y su respuesta al *Tyrannicida*.

la preferible[92], también porque traduce correctamente algunos pasajes en los que Erasmo yerra o expresiones que este omite[93]. Así, y en opinión de Rummel (1985: 68), Moro encarna mejor lo que se espera de un traductor: que reproduzca el *éthos* y el *páthos* del original[94].

Un estudio más amplio y detallado es el realizado por Jolidon (1980), asimismo comparativo[95], sobre

---

[92] Cf. también Rummel (1985: 67), al hablar comparativamente de los dos traductores: «More is generally the more accurate translator».

[93] Cf. Jolidon (1980: 46-47), aunque es discutible su juicio de que este comportamiento se deba a que Erasmo no es partidario de utilizar expresiones que no crea elegantes, o a que no quiere dar un relieve indebido a algunas expresiones, tales como aquellas en las que Moro trata de suplir la ausencia del artículo en latín con demostrativos de distinto tipo; de hecho, Jolidon (1980: 47) termina su ejemplificación con la siguiente valoración sobre la versión de Moro, que entiendo más positiva que lo contrario: «on peut donc dire que More est aussi attentif qu'Erasme, peut-être un peu plus, au détail de texte grec qu'il traduit». Lo mismo podría decirse sobre la tendencia moreana a recoger de modo fidedigno las conjunciones o adverbios griegos (Jolidon, 1980: 74, 78-79); además, según este estudioso (1980: 79), el uso moreano de algunas conjunciones copulativas puede deberse también a su deseo personal de enfatizar ciertos pasajes.

[94] Con todo, en las páginas finales de su trabajo, Rummel (1985: 69) dejará abierta la puerta a una valoración personal: en última instancia, los gustos del lector pueden preferir una u otra forma de traducir.

[95] Independientemente del valioso rigor de los datos que ofrece en su trabajo, este autor parece previamente proclive a la valoración más positiva de Erasmo que de Moro, algo que le inclina a unas interpretaciones de los datos que no siempre considero correctas. Con todo, Jolidon (1980: 87-88) entiende que la calidad del estilo del latín de Moro irá en un proceso ascendente y que, muy probablemente, el humanista inglés elaboró con cierta premura su traducción de la *declamatio* lucianea; de manera añadida, parece además compartir el juicio de un gran helenista del siglo XVII —Jean Benoit— cuando califica de insuperables las traducciones moreanas de los diálogos de Luciano, y más exactas que las realizadas por Erasmo de este mismo género a partir de originales lucianeos.

42

las traducciones del *Tirannycida* por parte de Erasmo y Moro; este estudioso se centra en varios planos, como el del volumen de la expresión, la sintaxis, el orden de palabras y, en fin, el de su fidelidad al original. Como ya se ha anotado, en este trabajo Jolidon (1980: 43-53), remarca el gusto erasmiano por el mayor ornato y volumen de la expresión. En el plano sintáctico, según Jolidon (1980: 53-56), habría pocas diferencias entre ambos humanistas; quizá la más señalada resida en el uso de los modos en la subordinación, donde en unos casos Erasmo se muestra más clasicista que Moro y en otros al contrario. Por lo que se refiere al orden de palabras, Jolidon (1980: 56-66) encuentra peculiaridades interesantes en las que creo que se debe indagar con mayor profundidad y, sobre todo, incorporar la perspectiva pragmática a su análisis[96]. En cuanto al vocabulario, Jolidon (1980: 66) advierte la mayor riqueza de ambos traductores con respecto al griego de Luciano, e incluso aventura que Erasmo podría haber realizado su versión teniendo a la vista la de Moro y practicando una voluntaria diferenciación de la misma[97];

---

[96] Cf. Baños & Cabrillana (2021).

[97] Con respecto a la *Responsio*, esta misma postura es también defendida por Rummel (1989: 75), quien piensa que a partir de una suerte de borrador de Moro, Erasmo iría realizando su propia versión en la que «Erasmus speaks with great flourish, employing a full register of rhetorical devices ranging from majestic declamation and dramatization to direct appeal and sarcastic asides» (1989: 74). Una muestra elocuente en apoyo de esta teoría —y del distinto estilo de ambos traductores— la suministra Rummel (1989: 76) cuando confronta varios pasajes y, entre ellos, la exclamación de Moro en *CW* 3 121/18-19 (§ 36 en mi traducción de la *Responsio*) con la correspondiente de Erasmo; sus traducciones son, respectivamente, las siguientes: «Shameless man, if you are lying! Insane, if you are not!» (Moro); «A simpleton, if he really conceived such hopes! An arrogant fellow, if he claims what he cannot hope for!» (Erasmo). Por otro

interesa aquí resaltar la importante impronta clásica que Jolidon (1980: 67-68, 74, 76, 82) advierte en Moro, así como su particular variedad —mayor que en el caso de Erasmo— en el empleo de sinónimos para una idea verbal similar en el original (Jolidon, 1980: 70-73[98]), aunque, como ya se ha aludido, Erasmo trata de buscar un colorido y volumen mayor en las palabras que elige.

En todo caso, y no es este un aspecto menor, el latín de Moro en estas traducciones es fundamentalmente un latín de época clásica, con muy pocos términos más propios de época más tardía —apenas cinco y todos ellos en el *Philopseudés*[99]—, algo que, de un lado, hace más ajustada la traducción de un texto griego del s. ii d. C., y, de otro, demuestra un conocimiento muy amplio y profundo de la lengua latina en sus diversas etapas cronológicas por parte del humanista inglés.

Retomando las cuestiones ya aludidas más arriba, continúa resultando lícito, necesario y de enorme interés intentar contestar a las dudas que surgen sobre el peso de la fidelidad al original en las versiones moreanas, sobre las causas y la forma en que Moro se aparta de dicho original en algunos lugares y, en fin, tratar de establecer o delinear al menos las posibles coordenadas que respondan al estilo o propósito moreano. La

---

lado, no debe perderse de vista que la versión de Erasmo casi triplica la extensión de la de Moro (cf. Rummel, 1989: 74).

[98] Especialmente significativo resulta el cuadro que ofrece el estudioso para mostrar los verbos más utilizados con el significado de "matar" tanto en algunos autores latinos clásicos como en el *Tyrannicida* de Erasmo y Moro.

[99] E.gr., *praestigiatura* (§ 5,) *profligationes* y *bubo*(*n*) (§ 9), *tenia/tena* (§ 18).

respuesta a estas cuestiones demanda una investigación amplia, multilateral y minuciosa, que solo puede quedar aquí anunciada y abierta[100].

6. Publicación y ediciones de los escritos moreanos

Para comparar el original griego y la versión realizada por Moro, habría que fijarse en la edición Aldina de Luciano (1503, realizada en Venecia por Aldus Martinus[101]), que fue la que probablemente siguió Erasmo y quizá también Moro[102], aunque Jolidon (1980: 41) ha propuesto la hipótesis de que Erasmo y Moro no habrían partido de la misma edición del texto griego: la Aldina, de 1503 en el caso de Erasmo —si bien utilizada con no pocas libertades por parte del holandés— y un manuscrito no especialmente fiel al original en el caso de Moro. Esta propuesta ha de ser tomada en consideración, si bien no se cuenta realmente con el suficiente número de apoyos para decantarse por ella.

La impresión y publicación de las traducciones de Luciano por parte de Erasmo y Moro se hizo en París, a mitad de noviembre de 1506 por Badius Ascensius. El orden anunciado en la página de título es distinto del real, ya que en ella el *Tyrannicida* y la *declamatio* preceden

---

[100] A este respecto, cf. lo señalado *infra* (§ 8), en el apartado correspondiente a las advertencias sobre la traducción aquí realizada

[101] Editio Aldina prior: *Luciani Opera. Icones Philostrati Eiusdem Heroica. Eiusdem uitae Sophistarum. Icones Iunioris Philostrati. Descriptiones Callistrati* [Graece], Venetiis in aedib. Aldi, 1503.

[102] Puede verse en facsímil en la edición preparada por Thompson (1974) en la colección de la Universidad de Yale (*CW* 3).

al resto. Una segunda edición se hizo en 1512 —también por Badius Ascensius—, en la que Erasmo añadió la traducción de otras siete piezas lucianescas; a esta siguió una más en 1514 (de nuevo por Badius Ascensius), con correcciones. En 1516 se publicó una nueva edición en Venecia por Aldus Manutius y otra en diciembre de 1517 por Johannes Frobenius, en Basilea. Hubo varias más: la realizada por Philippus Giunta en 1519 en Florencia, por Frobenius en Basilea en 1521, por Sebastianus Grypphius en 1528, por Hieronymus Froben y Nicolaus Episcopius en Basilea en 1534, por Episcopius en Basilea en 1563 o por Bogard en Lovaina en 1566. En casi todas ellas, los editores corrigieron varias palabras, aunque ninguna edición está exenta de errores, sin que se pueda explicar con certeza la causa de ello ni la participación que pudieron tener Erasmo —y, sobre todo, Moro— en sus correcciones. Como se ve, el número de ediciones que se hizo en pocos años de estas traducciones fue muy alto[103].

Las ediciones más autorizadas son las de 1506, 1514 y 1517, así como la de Frobenius de 1521, que es la que utiliza como texto básico Thompson (1974: lxx).

7. Necesidad y utilidad de la traducción del texto moreano

En cuanto a las traducciones de las obras latinas de Moro que no aparecen en Thompson (1974), Wegemer &

---

[103] Ransom (2013: 161) incluye también las ediciones realizadas en 1520 y 1522 (Lovaina, Martens), y en 1528 y 1535 (Lyon, Gryphius) a la hora de relacionar las ediciones que se hicieron de las traducciones moreanas de Luciano hasta la muerte de Moro.

Smith (2020: xv) señalan que «an English translation of More's Latin translations of Lucian's dialogues was sorely needed because the translations provided in the Yale critical edition are from Loeb Classical Library edition of Lucian, and are not translations of More's striking Latin».

En efecto, hasta esta obra de 2020 no existía traducción alguna de la parte de los textos moreanos basados en obras de Luciano. Estos textos van a arrojar luz sobre parte de las fuentes clásicas de Moro y van a ayudar al más completo conocimiento de cómo se fueron forjando y madurando en el autor inglés algunos conceptos e ideas basilares de su obra, así como rasgos del vocabulario y del estilo moreanos; de alguna manera, en estos textos se anticipa el pensamiento del autor que aparece en escritos posteriores más o menos conocidos, algunos de ellos clave como la *Utopía*; en ellos van a resonar muchas de las voces presentes ya aquí, tales como placer, libertad, tiranía, virtud, locura o la cuestión de cuál es la clase de vida mejor y más prudente para el ser humano.

Se muestra ya un joven pero maduro Moro en su pensamiento de filosofía política, con una elocuente utilización de algunos términos de especial relevancia como *princeps*, *libertas*, etc. En efecto, conceptos que aparecen aquí por primera vez en la obra moreana van a ir asentándose y completándose no solo en su obra insignia, sino también en otras como sus *Epigramas*, algunos de los cuales iluminan las preocupaciones presentes en la *Utopía*: la lectura combinada de estas obras —así como también las de posteriores diálogos moreanos (*Dialogue Concerning Heresies* [*The Apology of Sir Thomas More, Knight*] o *Dialogue of Comfort against Tribulation*)— abre caminos de interpretación que llevan a apreciar una serie de concomitancias, las cuales van a permitir a su vez interpretar la obra total del humanista inglés de modo más completo, coherente y unitario conceptualmente.

Como señala Miola (2020: 235), es muy resaltable el hecho de que en la obra editada por Wegemer & Smith (2020) se proporcionen las primeras traducciones inglesas de los diálogos moreanos; se hace así accesible por primera vez a un público muy numeroso el texto de las obras de Moro quizá más populares durante su vida[104]; sin coincidir plenamente con este juicio de Miola, la relevancia de poner este material a disposición de especialistas, y no tanto, en la obra de Moro, y desconocedores del griego o del latín es realmente innegable —enorme, diría— y ha de ser muy bienvenida. Wegemer & Smith (2020: 18) especifican que las traducciones de los tres diálogos lucianeos del latín al inglés han sido realizadas por Gerald Malsbary[105] (las que aparecen en Yale corresponden a las traducciones de Luciano a partir de las de la colección de la *Loeb Classical Library*); la de la carta a Ruthall y la *responsio* al *Tyrannicida* de Luciano las ha realizado Craig Thompson (recogidas en el volumen de Yale de 1974 y trasladadas a la edición de Wegemer & Smith (2020)).

Con la traducción realizada en este volumen se trata de ampliar los potenciales receptores de estas obras y

---

[104] Cf. también Smith (2012: 16).

[105] En la obra editada por Wegemer & Smith (2020) se inserta la traducción del *Cynicus* publicada por Malsbary en 2017; el resto ha debido ser preparado para la publicación del volumen de *The Essential Thomas More*. Cuando sea necesario hacer referencia a la traducción de Malsbary editada por Wegemer & Smith (2020) se citará como Malsbary (2020a [*Menippus*], 2020b [*Philopseudés*], 2020c [*Tyrannicida*]), dato que se concretará cuando se haga alusión particular en la traducción.

48

hacerlas cercanas a quienes manejan la segunda lengua más hablada del mundo. Esto permitirá asimismo, la realización de un número mayor de estudios en torno al pensamiento político, filosófico, ético, etc. de Moro desde sus inicios como autor.

8. Observaciones sobre fuentes textuales y tipo de traducción

La primera traducción castellana de las obras contenidas en este volumen es, en parte, deudora de algunas versiones del texto griego lucianeo[106] y de las únicas traducciones inglesas conocidas[107], aunque he tratado de buscar una fidelidad mayor al léxico y sintaxis del texto latino, para conseguir una traducción, por así decir, más filológica, sin que por ello oscureciera el resultado de la versión castellana. Ello no obsta para que a veces me haya separado un tanto del original latino, como ha sido el caso a la hora de fijar la modalidad oracional que entendía como más acertada en cada caso; en ese sentido he expresado de manera exclamativa algunas oraciones que tenían forma interrogativa en el texto latino seguido[108], o he optado ocasionalmente por pasar de la interrogación a la afirmación[109] si ello parecía más acorde con el sentido de lo que se expresaba. Asimismo, y también en pro de la claridad

---

[106] Por ejemplo, Alsina (1966), Jufresa, Mestre & Gómez (2000), García Valdés (2004), Jufresa & Vintró (2013).

[107] Thompson (1974), Malsbary (2017), Malsbary en Wegemer & Smith (2020).

[108] Cf., entre otros lugares, la Carta a Ruthall, § 3.

[109] Cf., e.gr., *Philopseudés*, § 18 (nota aclaratoria).

sintáctica y semántica, he variado, añadido u omitido algunos signos de puntuación. De la misma forma, he prescindido de algunas conjunciones excesivamente reiterativas en castellano, ya fueran copulativas (*et, ac,* atque, *-que*)[110] o de otro tipo, y en ocasiones las he sustituido por conjunciones adversativas o partículas ilativas para dar mayor continuidad al razonamiento del texto.

En el ámbito (nominal-)verbal, he procurado paliar la notable reducción que se produce al traducir al castellano los variados y abundantes participios latinos con la riqueza de matices que aportan, cambiándolos en ocasiones por formas personales cuando ello facilitaba la claridad de la exposición. Ciertos tiempos verbales han sido adaptados a la concordancia temporal más correcta y clara en castellano o al matiz aspectual que, también por el contexto, parecían implicar.

Básicamente en la carta a Ruthall y en la *Responsio* —como sucede también en diferentes escritos moreanos del género epistolográfico u otros— el autor se sirve en ocasiones de periodos un tanto extensos que he optado por seccionar cuando la claridad de la traducción lo exigía; por el contrario —si bien con mucha menos frecuencia—, cuando la conexión existente entre oraciones separadas y la fluidez deseada lo aconsejaba, he preferido unirlas. En esa misma línea, he sustituido algunos pronombres por sus correspondientes referentes; en ciertos casos he prescindido de la traducción de un pronombre que podría resultar redundante en castellano[111] o he

***

[110] Cf. nota correspondiente en *Philopseudés*, § 25.

[111] Es posible que la abundante presencia de pronombres demostrativos, entre otros, responda al deseo de sustituir con esta clase de palabra

elegido una alternativa formal semánticamente compatible con expresiones repetidas que carecen de un paralelo tan plausible en castellano como en latín[112].

Una importante cuestión ya aludida[113] que aflora de modo particular al traducir las versiones latinas del texto de Luciano es la del grado de correspondencia entre ambas versiones y el reflejo castellano de la traducción latina. Los distintos aspectos que emergen de esta labor comparativa entre el original griego y la versión latina de Moro se han ido explicitando en algunos casos a lo largo del texto traducido en notas particulares a palabras o construcciones especialmente problemáticas desde el punto de vista léxico-semántico o sintáctico, a añadidos por parte de Moro, etc.[114]. Sin embargo, se trata de un vastísimo aspecto que necesita de un análisis comparativo independiente y en mayor profundidad[115], tanto en

---

la ausencia de artículo en latín, presente, como se sabe, en griego (cf. Jolidon, 1980: 46-47). Otra potencial motivación residiría en el hecho de que a esta clase de palabra —como ocurre con otras tanto en griego como en latín— hubiera afectado cierta desemantización, de modo que se habría ido haciendo necesaria una hiper-utilización de dichas formas; en relación con esta última causa, que se desarrolla sobre todo en latín tardío, cf. Cabrillana (2007: 56-59).

[112] E.gr., conjunciones, adverbios o partículas.

[113] Cf. *supra*, apartado correspondiente a Moro como traductor (§ 5).

[114] En esta línea, algunos análisis de Pawlowski (2010) que me han parecido más relevantes —sin que se pueda perder de vista que la autora solo analiza algunas variantes— aparecen en nota al lugar correspondiente, en algunos casos con una opinión personal al respecto; en otros casos, las señalizaciones de variantes proceden parcialmente de lugares anotados por Malsbary en la traducción que aparece en Wegemer & Smith (2020), o corresponden a apreciaciones propias en otras muchas ocasiones.

[115] Estudio en preparación.

el nivel léxico-conceptual[116] —quizá campo más interesante en cuanto a su investigación y con implicaciones de enorme calado a veces[117]— como a la sintaxis[118]; un análisis que, además, ha de tratar de desvelar la línea que sugieren las variaciones o añadidos moreanos[119].

Los textos latinos de los que me he servido son los editados por Thompson (1974) en la edición de Yale (*CW* 3). Para las lecturas aportadas y comentadas del texto griego sigo las ediciones de la colección *Alma Mater* del CSIC: Alsina (1966), Jufresa, Mestre & Gómez (2000), García Valdés (2004), Jufresa & Vintró (2013), con algunas salvedades del texto griego del *Menippus* —donde sigo el texto de Harmon (1925), de la *Loeb Classical Library*—, y que se indicarán en su momento.

La numeración de secciones en los diálogos y la del *Tyrannicida* respeta lo establecido en la edición griega de referencia seguida, que reproducen Wegemer & Smith

---

[116] Donde se dan por lo general calcos muy acertados y se recogen recursos presentes en el griego como metáforas diversas, juegos de palabras, políptoton, etc.

[117] Una ilustración de este aspecto lo proporciona de manera singular la traducción de *Tyrannicida*, donde la aparición de conceptos como δημοκρατία, πόλις, etc. plantean especiales dificultades de traducción y sentido.

[118] Moro es capaz de respetar de modo exquisito, entre otras construcciones, la sucesión de estructuras relativas, las construcciones con un catafórico enfatizador de una oración causal o final, las estructuras que permiten codificar funciones pragmáticas como Temas —cf. Cabrillana (1999)— o Apéndices —cf. Cabrillana (2019)—, etc.

[119] Baste aludir aquí solo a algunas potenciales finalidades de estas variaciones y añadidos, como subrayar la ironía, procurar una variación sinonímica, realizar algunos desplazamientos metafóricos, otorgar una connotación de mayor carga ética, intensificar un contraste entre dos términos o la noción subyacente en un término particular, enfatizar un concepto concreto, proporcionar un *páthos* mayor, etc.

52

(2020) en *The Essential Thomas More*; la numeración habitual en la edición de Yale cada cinco líneas sería un tanto impracticable, dado que el texto latino que presenta está organizado de modo seguido todo él. En cuanto a la *Responsio* moreana, he añadido una numeración que respeta la separación de párrafos en la única traducción inglesa de que se dispone, ya que el texto latino se presenta de nuevo seguido, como sucede en los diálogos.

Las abreviaturas utilizadas para referirme a obras y autores latinos de época clásica son las que establece el *Thesaurus Linguae Latinae* (*ThLL*), mientras que en el caso del griego, corresponden al diccionario de Liddell-Scott-Jones (*LSJ*), del que en ocasiones se harán referencias léxico-semánticas, así como también se realizarán algunas del *Oxford Latin Dictionary* (*OLD*).

9. Bibliografía citada[120]

Allen: Stafford, Percy S. & Allen, Hellen M. (1906-1958), *Opus epistolarum Deriderii Erasmi Roterdami*, denuo recognitum et auctum, 12 vols., Oxford, Clarendon Press. (Citado como *EE*).
Alsina, José (1962), "Introducción", en *Luciano. Obras, vol. 1, El sueño. Diálogos de los dioses. Diálogos marinos*, Barcelona, Alma Mater: xi-xcvi.
Alsina, José (1966), *Luciano. Obras, vol. 2, Diálogos de los muertos. El aficionado a las mentiras. Sobre la muerte de Peregrino*, Barcelona, Alma Mater.

---

[120] Presento en una sola relación textos, traducciones y estudios especializados, ya que en casi todos los casos, las introducciones a los textos o las traducciones incluyen estudios o notas más o menos extensas sobre (parte de) los textos traducidos. La relación recoge solo las obras citadas en esta introducción y en las notas a la traducción.

Alsina, José (1981), "Introducción", en *Luciano. Obras, vol. I*, Madrid, Gredos: 7-70.

Avery, Joshua (2017), "Raphael Hythloday and Lucian's *Cynic*", *Moreana* 54(2): 225-237.

Baños, José M. & Cabrillana, Concepción (2021), "27. El orden de palabras", en J. M. Baños (coord. ed.), *Sintaxis Latina, II. Sintaxis de la oración compleja. Orden de palabras*, Madrid, CSIC: 897-944.

Barron, Caroline M. (2011), "The making of a London citizen", en George M. Logan (ed.), *The Cambridge Companion to Thomas More*, Cambridge, Cambridge University Press: 3-21.

Baumann, Uwe (1985), "Thomas More and the Classical Tyrant", *Moreana* 86(2): 108-127.

Bowersock, Glen W. (1985), "3. Filóstrato y la Segunda Sofística", en P. E. Easterling & B. M. W. Knox (eds.), *Historia de la Literatura Clásica, I. Literaura Griega*, trad., Madrid, Gredos: 704-711.

Bowie, Ewen L. (1985), "Luciano", en P. E. Easterling & B. M. W. Knox (eds.), *Historia de la Literatura Clásica, I. Literatura Griega*, trad., Madrid, Gredos: 723-730.

Branham, R. Bracht (1985), "Utopian Laughter: Lucian and Thomas More", *Moreana* 22: 23-43.

Cabrillana, Concepción (1999), "On the integration of Theme constituents in the predication in Latin", *Euphrosyne* 27: 417-427.

Cabrillana, Concepción (2007), "Definiteness Strategies and Word Order in Existential-locatives and Locatives in Late and Vulgar Latin", *Linguistica* 47: 49-63.

Cabrillana, Concepción (2012), *Tomás Moro. Epigramas. Introducción, traducción y notas*, Madrid, Rialp.

Cabrillana, Concepción (2014), "More's *Epigrams* and *Utopia*: journeys in intertextuality", *Moreana* 51, 195-196: 131-151.

Cabrillana, Concepción (2018), *Tomás Moro. Cartas de un humanista (I). Introducción, traducción y notas*, Madrid, Rialp.

Cabrillana, Concepción (2019), "La dislocation à droite en latin: analyse d'une structure spécifique", en M. Taillade, J. Gallego, F. Fatello & G. Gibert (eds.), Nemo par eloquentia, *Mélanges de linguistique ancienne en hommage à Colette Bodelot*, Cahiers du Laboratoire de Recherche sur le Langage, Presses Universitaires Blaise Pascal, Clermont-Ferrand: 227-240.

Cabrillana, Concepción (2020), *Tomás Moro. Cartas de un humanista (II). Introducción, traducción y notas*, Madrid, Rialp.

Camerotto, Alberto (2018), "*Et Luciani quoque facetiis ac lepore capiuntur* ovvero del succeso della satira antica nell'isola di Utopia e nell'Europa moderna", *Italianistica. Rivista di letteratura italiana* 47(2): 125-137.

Chuilleanáin, Eiléan Ní (2007), "Motives of translation: More, Erasmus and Lucian", *Hermathena* 183: 49-62.

Corral, Hernán (2012), "Tyranny and Law in Thomas More's Declamation in Reply to Lucian Tyrannicide", *Moreana* 49: 71-88.

Curtright, Travis (2012a), "Profitable learning and *pietas*", en T. Curtright, *The One Thomas More*, Washington D.C., The Catholic University of America Press: 15-41.

Curtright, Travis (2012b), "Humanism, Heresy, and the One Thomas More, ca. 1522-33", en T. Curtright, *The One Thomas More*, Washington D.C., The Catholic University of America Press: 105-139.

Du Cange, Charles *et al.* (1733-1736), *Glossarium ad scriptores mediae et infimae latinitatis*, Paris <http://ducange.enc.sorbonne.fr/doc/biblio>.

Duncan, Douglas (1979), *Ben Johnson and the Lucianic Tradition*, Cambridge, CUP.

Fox, Alistair (1983), "Contrary Impulses: English Poems, *Life of John Pico*, Translations of Lucian, *Epigrammata*", en A. Fox, *Thomas More: History and Providence*, New Haven, Yale University Press: 9-49.

García Valdés, Manuela (2004), *Luciano. Obras, vol. VI. Timón o el misántropo. Contra el ignorante que compraba muchos libros. Acerca del parásito o que el parasitismo es un arte. Sobre los que están a sueldo. Apología de los que están a sueldo. El cínico. Diálogos de las heteras*, Madrid, CSIC.

Gómez C., Pilar (2019a), "El arte de la palabra y palabras de arte: narración, diálogo y descripción en Luciano", *Araucaria* 41: 333-356.

Gómez C., Pilar (2019b), "Menippus a truly living ghost in Lucian's *Necromacy*", en D. Romero-González, I. Muñoz Gallarte & G. Laguna-Mariscal (eds.), *Visitors from beyond the Grave: Ghosts in World Literature*, Coimbra, Coimbra University Press: 47-64.

Guy, John (2012), "Thomas More and Tyranny", *Moreana* 49: 157-188.

Harmon, Austin M. (1921) *Lucian. Volume III*, Loeb Classical Library, 130, Harvard University Press.

Harmon, Austin M. (1925) *Lucian. Volume IV*, Loeb Classical Library, 162, Harvard University Press.

Holloway, Carson (2015), "Statesmanship, Tyranny and Piety: Thomas More's Response to Lucian's *The Tyrannicide*", en T. Curtright (ed.), *Thomas More: Why Patron of Statesmen?*, Lanham, MD, Lexington Books: 17-35.

Hornblower, Simon & Spawforth, Antony (eds.) (1999), *The Oxford Classical Dictionary*, 3rd edition, Oxford, OUP. (Citado como *OCD*).

Hosington, Brenda M. (2009), "*Complura opuscula longe festivissima*: Translations of Lucian in Renaissance England", en D. Sacré & J. Papy (eds.), *Syntagmatia. Essays on Neo-LatinLiterature in Honour of Monique Mund-Dopchie and Gilbert Tournoy*, Leuven, Leuven University Press: 187-205.

Hoven, René (1994), *Lexique de la prose latine de la Renaissance*, Leiden/New York/Köln, Brill.

Jolidon, Alain (1980), "Thomas More et Erasme Traducteurs du *Tyrannicide* (1506)", en A. Gerlo (ed.), *Thomas More: 1477–1977, Colloque international tenu en novembre 1977. Actes de l'Institut pour l'Étude de la Renaissance* 6. Brussels, Éditions de l'Université de Bruxelles: 39-89.

Jufresa, Montserrat (2003), "El teatre, metàfora de la vida a Llucià", Ítaca. *Quaderns Catalans de Cultura Clàssica* 19: 47-69.

Jufresa, Montserrat, Mestre, Francesca & Gómez, Pilar (2000), *Luciano. Obras, vol. III. Fálaris 1-2, Proemio: Dioniso, Proemio: Héracles Acerca del ámbar o de los cisnes, Encomio de la mosca, Encomio de la patria, Sobre por qué no hay que dar crédito sin más a la calumnia, Dos veces acusado, El Tiranicida, El hijo repudiado, Tóxaris o La amistad, Sobre las dipsadas, Sobre un error cometido al saludar, Harmónides, El escita o El cónsul*, Madrid, CSIC.

Jufresa, Montserrat & Vintró, Eulàlia (2013), *Luciano. Obras, vol. VI. El descenso hacia el Hades o El Tirano, Zeus cuestionado, Zeus trágico, El sueño o El gallo, Icaromenipo o El que vuela por encima de la nube, Caronte o Los observadores, Menipo o La Nigromancia, Sobre el luto, Las fiestas en honor de Cronos*, Madrid, CSIC.

Kroon, Caroline (1995), *Discourse particles in Latin: a study of* nam, enim, autem, vero *and* at, Amsterdam, Gieben.

Logan, George M. (2007), "More on Tyranny", *Thomas More Studies* 2: 19-37.

LSJ: A *Greek-English Lexicon*, compiled by Hery George Liddell and Robert Scott, revised and augmented throughout by Sir Henry Stuart Jones, Oxford: Clarendon Press. With a revised supplement, 1996.

Malsbary, Gerald (2017), "Translation. *The Cynic* by Lucian. Translated by Thomas More from the Greek to Latin", *Moreana* 54(1): 108-119.

Marsh, David (1998), *Lucian and the Latins: Humor and Humanism in the early Renaissance*, Ann Arbor, Univ. of Michigan Press.

Miola, Robert S. (2020), "Review essay: Monumental More: *The Essential Thomas More*, ed. Gerard B. Wegemer and Stephen W. Smith (Yale, 2020)", *Moreana* 57(2): 229-253.

Nauck, August (1964 [1889]), *Tragicorum Graecorum fragmenta*, Leipzig, Teubner.

Navarro, José L. (1988), *El aficionado a la mentira o El incrédulo*, en *Luciano. Obras IV*, Madrid, Gredos.

OLD: *Oxford Latin Dictionary*, Oxford, OUP, Peter G. W. Glare (ed.), 1982.

Otto, August (1962 [1890]), *Die Sprichwörter und spreichwörtlichen redensarten der Römer: Gesammelt und Erklärt*, Hildesheim, Georg Olms.

Pawlowski, Mary (2010), "Thomas More's Mis-translations of Lucian's *Cynic, Menippus,* and *Tyrannicide*", *Moreana* 47(1-2): 85-101.

Peterson, Anna (2020), "Dialoguing with a Satirist: The Translations of Lucian by Desiderius Erasmus and Thomas More", *International Journal of the Classical Tradition* 27(2): 171-192.

Pinkster, Harm (2021), *The Oxford Latin Syntax. Volume 2. The Complex Sentence and Discourse*, Oxford, Oxford University Press.

Ransom, Emily A. (2013), "Oposing Tyranny with Style: More, Lucian, and Classical Rhetorichal Theory", *Moreana* 50: 159-186.

Rummel, Erika (1985), "A Friendly Competition: More's and Erasmus's Translations from Lucian", en E. Rummel, *Erasmus as a Translator of the Classics. Erasmus Studies* 7, Toronto, University of Toronto Press: 49-69.

Rummel, Erika (1989) (trad.), "The Tyrannicide. Erasmus' Reply to Lucian's Declamation / *Tyrrannicida, declamatio Lucianicae respondens*", *Collected Works of Erasmus* 29, Toronto, University of Toronto Press, 71-123.

Schön, Katharina (2021), "*Tamquam alter Lucianus* – The Lucianic Legacy in Thomas More's Utopia", comunicación presentada en la International Conference "The Young Thomas More, Life and Writings 1494 – 1522" , Nov. 4th-6th 2021, Center for Thomas More Studies, University of Dallas.

Smith, Stephen, (ed.) (2012), *For All Seasons: Selected Letters of Thomas More*, New York, Scepter Publishers.

Surtz, Edward & Hexter, Jack H. (eds.) (1965), *The Complete Works of St. Thomas More*, vol. 4: *Utopia*, New Haven/London, Yale University Press. (Citado como *CW* 4).

Taylor, Andrew (2014), "Thomas More", en Ph. Ford (†), J. Bloemendal & Ch. Fantazzi (eds.), *Brill's Encyclopaedia of the Neo-Latin World*, Leiden/Boston, Brill: 1047-1051.

ThLL: *Thesaurus Linguae Latinae*, Leipzig/Berlin, Teubner/De Gruyter, 1900-.

Thompson, Craig R. (1939), "The Translations of Lucian by Erasmus and S. Thomas More", *Revue belge de philologie et d'histoire* 18(4): 855-881.

Thompson, Craig R. (1940), "The Translations of Lucian by Erasmus and S. Thomas More (Continuation)", *Revue belge de philologie et d'histoire* 19(1): 5-35.

Thompson, Craig R. (ed.) (1974), *The Complete Works of St. Thomas More*, vol. 3, New Haven/London, Yale University Press. (Citado como *CW* 3).

Wegemer, Gerard (2003), *Tomás Moro*, Barelona, Ariel (trad.: *Thomas More*, New York, Scepter Publishers, 1995).

Wegemer, Gerard (2011), "More's Earliest Views of *Libertas*, *Humanitas* and *Respublica* (1500-1506)", en G. Wegemer, *Young Thomas More and the Arts of Liberty*, Cambridge, Cambridge University Press: 53-69.

Wegemer, Gerard (2012), "Thomas More on Tyranny: What Is Distinctive in His Early Thematic and Literary Treatment?", *Moreana* 49: 141-155.

Wegemer, Gerard & Smith, Stephen W. (eds.) (2020), *The Essential Thomas More*, New Haven/London, Yale University Press.
Wooden, Warren W. (1972), "Thomas More and Lucian: A Study in Satiric Influence and Technique", *Studies in English* 13, Article 8: 43-57.
Zaragoza B., Juan (1990), *Luciano. Obras, vol. III*, Madrid, Gredos.

A THOMAS RUTHALL[1]
(1506, LONDRES)

[TOMÁS MORO SALUDA CON GRAN AFECTO AL MUY ILUSTRE Y DOCTO VARÓN THOMAS RUTHALL, SECRETARIO REAL INGLÉS]

1.[2] Si alguna vez, doctísimo señor, hubo alguien que llevase a la cima el precepto horaciano[3] y combinase el

---

[1] Thomas Ruthall (†1523) estudió en Oxford y desempeñó diversos puestos de relevancia en la vida eclesiástica y pública de Inglaterra, como la de su labor de secretario de Enrique VII y Enrique VIII (1509-1519). Fue Canciller de la Universidad de Cambridge (1503-1504) y obispo de Durham (1509-1523). Intervino en diversas misiones diplomáticas, como la que le llevó a ser parte de la embajada inglesa ante Luis XII de Francia en 1499, país al que volvió en otras ocasiones como en 1510 para negociar la paz, y de nuevo en 1513. Erasmo lo califica de *humanissimus* (*EE* 1,432,2) y le dedicó, al menos, una edición de las *Lucubrationes* de Séneca (1505) y su traducción del diálogo lucianeo *Timón* (1506).

[2] En esta carta he separado y numerado los párrafos que en el texto latino aparecen de forma seguida para facilitar las referencias cruzadas dentro de este volumen.

[3] Se refiere a la conocidísima enseñanza de Horacio en su *ars poetica*, especialmente en los vv. 333-334: *Aut prodesse uolunt aut delectare poetae / aut simul et iucunda et idonea dicere uitae* («los poetas pretenden servir de utilidad o divertir, o bien hablar al mismo tiempo de cosas gratas y útiles para la vida»); pueden cf. también, en su conjunto, los vv. 305-322 donde se aprecian más de cerca los consejos de Horacio para conseguir expresar palabras llenas de vida. Podría decirse también que, en no pocas

placer con la utilidad, en eso pienso yo, ciertamente, que Luciano estaría entre los más destacados[4]. Este, absteniéndose de los arrogantes preceptos de los filósofos y de los facilones juegos de los poetas, señala y censura los vicios de los hombres aquí y allá con una gracia exquisita al tiempo que completamente honesta. Y hace esto de forma tan sabia, con tanto talento que aunque nadie pincha tan profundamente, nadie hay, empero, que no admita sus aguijones con ánimo tranquilo[5]. Aunque siempre hace esto de manera excelente, me parece que lo ha hecho de forma singular en estos tres diálogos, razón por la que los he elegido para traducir de tantos que tiene y tan agradables, aunque otras personas quizá preferirían otros distintos. Pues así como entre las doncellas no a todos les gusta la misma, sino que cada uno prefiere una distinta según su gusto y quiere con pasión no a la que puede asegurar que es especial sino a quien realmente se lo parece, de ese mismo modo cada quien elige uno u

---

ocasiones, Moro utiliza una de esas finalidades en su origen (*delectare*) como ayuda para lograr más fácilmente la otra (*prodesse*): cf. también Horacio, *ars* 340-344; dentro de la obra poética de Moro, los *Epigramas* —a veces sobre la huella de los autores griegos del género (Luciano entre ellos)— son una muestra óptima de esta realidad: cf. epigramas como los nn.1, 2, 4, 24, 26, 37, 39, 53, entre otros muchos.

[4] El primer periodo con que Moro introduce la carta es ya una elaborada y curiosa estructura pseudo-temática desde el punto de vista pragmático: la condicional expone un marco de potencial realidad en el que es posible entender la afirmación de la oración principal que sigue, la cual recoge el contenido de lo anterior mediante el fórico *hoc*. Con respecto a las características sintácticas y pragmáticas de estas estructuras, cf. Cabrillana (1999).

[5] Traduce *aequo animo*; se trata de un sintagma lleno de sentido que añadirá Moro sobre el original griego, p. e., en el *Cynicus*. Se volverá sobre este hecho en el pasaje concreto —§ 15— de ese diálogo.

otro de todos los graciosísimos diálogos de Luciano; a mí, ciertamente, me han agradado sobre todo estos, no sin motivo, y espero que no solo a mí.

2. Y para empezar con el más corto, que lleva por título *Cínico*, podría este parecer desdeñable por su misma brevedad, si no es porque Horacio nos recuerda[6] que en un cuerpo pequeño puede encontrase a menudo una gran fortaleza, y porque nosotros mismos vemos que unas joyas muy pequeñas se estiman mucho. En mi elección me respalda el atinado apoyo de san Juan Crisóstomo, varón de agudísimo juicio, quizá el más cristiano de todos los hombres doctos y —según mi opinión— el más docto de todos los cristianos, a quien este diálogo gustaba de tal modo que incluyó una buena parte del mismo en la homilía en la que comenta el evangelio de san Juan[7]. Y

---

[6] No hay seguridad sobre el pasaje que Moro tiene en mente; podría referirse a *Epístolas* 1,17,39-40: *Hic onus horret, / ut paruis animis et paruo corpore maius* («Este siente horror de la carga, que le parece excesiva para su ánimo escaso y su escaso cuerpo»); o bien a *Epístolas* 1,20,19-24: *Cum tibi sol tepidus pluris admouerit auris, / me libertino natum patre et in tenui re / maiores pinnas nido extendisse loqueris, / ut quantum generi demas, uirtutibus addas; / me primis urbis belli placuisse domique, / corporis exigui, …* («Cuando el sol, ya templado, te haya atraído un mayor auditorio, hablarás de que yo, nacido de un liberto y en una casa modesta, desplegué unas alas que se salían del nido, de modo que cuanto a mi estirpe le restes, a mi valer se lo añadas. Dirás que tanto en la guerra [y] como en la paz fui grato a los grandes de la urbe, con mi talla exigua, …»; trad. J. L. Moralejo (2008), *Sátiras. Epístolas. Arte poética*, Madrid, Gredos).

[7] Thompson (1974: *ad loc.*) juzga esta afirmación un tanto desconcertante, puesto que no se han encontrado los pasajes concretos a los que alude Moro. Cierto que en la Homilía LXXX sobre el evangelio de san Juan, el Crisóstomo habla sobre algunos tópicos presentes en el diálogo lucianeo (censura de la excesiva preocupación por la comida, esclavitud a la que lleva estar muy pendiente de los bienes materiales, etc., en lugar de buscar con mayor ahínco el bienestar del alma), pero estos consejos podrían provenir también de otras fuentes. Erasmo —buen conocedor y traductor de

no sin razón. Pues ¿qué debió contentar más a un hombre cabal y verdaderamente cristiano que este diálogo, en el que mientras que se defiende la vida sobria y al que se contenta con poco[8], propia de los cínicos, se censura la relajada y muelle lujuria de los hombres dados al placer, y no se ensalza por el mismo cuidado la simplicidad de la vida cristiana, la templanza, la frugalidad y, en fin, aquella angosta y estrecha senda que conduce a la vida eterna?

3. A continuación, la *Necromancia*[9] (pues este es el título del segundo diálogo), nombre de no muy buen agüero, pero de contenido muy prometedor; ¡con cuánto ingenio censura los engaños de los magos o la vaciedad de las fantasías de los poetas, o las inciertas discusiones de los filósofos acerca de cualquier tema![10].

4. Queda *El aficionado a las mentiras*[11], que no sin ironía socrática, trata todo él —como hace ver el propio título— sobre la ridiculización y reprobación de la pasión desordenada por la mentira; realmente no acierto a

---

Luciano— escribe en 1523 (*EE* 6,50,251-252) algo ciertamente a tener en cuenta: que el Crisóstomo *habet facilitatem, perspicuitatem, suauitatem, copiam cum Luciano communem*; con todo, esto no resulta un apoyo suficiente para sustentar la afirmación concreta de Moro.

[8] Este es un lugar de variación textual: en todas las ediciones hasta la realizada en 1519 por Philippus Giunta en Florencia aparecía *arcta illa atque angusta* uita, pero en opinión de Thompson (1974: *ad loc.*), *uia* es la lectura correcta si se tiene en cuenta que muy probablemente Moro estaría citando la expresión del evangelio de Mateo 7,14: *quam* angusta porta et arta uia, *quae ducit ad uitam, et pauci sunt, qui inueniunt eam!* (destacado tipográfico mío).

[9] Diálogo que, como se sabe, recibe también el título de *Menippus*.

[10] He preferido articular de forma exclamativa —más acorde, creo, con el tono de esta parte concreta de la carta— lo que en la edición de Yale aparece como una interrogación.

[11] En su nombre latino, transliterado del griego, *Philopseudés.*

64

decir si se trata de un diálogo que más bien hace mucha gracia o que resulta muy instructivo. No me preocupa demasiado si en él parece que el autor alberga el pensamiento de no confiar lo suficiente en su inmortalidad, y que esté así en el mismo error que Demócrito, Lucrecio, Plinio y otros muchos[12]; pues ¿qué diferencia hay en que un pagano piense de estos asuntos lo que se encuentra en los principales misterios de la fe cristiana? Seguramente, el diálogo nos enseñará esta lección: que no deberíamos poner nuestra confianza en los engaños de los magos y que evitemos la superstición, que se va imponiendo por todos lados con apariencia de religión; también nos enseñará que deberíamos llevar una vida menos angustiada, esto es, menos temerosa de falsedades tristes o supersticiosas. Muchas de estas se cuentan a menudo con tanta seguridad y autoridad que incluso algún viejo zorro ha podido persuadir al santísimo padre Agustín, varón muy cabal y acérrimo enemigo de la mentira, para que contara como cierta, como algo que ocurrió en el tiempo en que vivió, ese cuento sobre dos Espurinas[13] —uno volviendo

____

[12] Entiendo que esta afirmación es clave para calibrar el juicio y la utilización de la fuente lucianea y otras fuentes clásicas: Moro es capaz de prescindir de los elementos que pueden oponerse a la ortodoxa doctrina cristiana para resaltar lo que de acertado y utilizable haya en el pensamiento y las formas genéricas clásicas. El Plinio al que se refiere Moro aquí es Plinio el Viejo (23-79 d. C.), autor de la *Historia Natural.*

[13] Referencia a Espurina, un importante augur que advirtió a Julio César de varios peligros; el más famoso es el de los malos presagios que hizo sobre las idus de marzo, día en que César, que no hizo caso de sus vaticinios, fue asesinado. Historiadores como Apiano, Valerio Máximo o Plutarco recogen con diferente grado de detalle este hecho. Ha habido diversas posturas en torno a la historia e interpretación de este pasaje pero lo más relevante aquí es que, en efecto, el pasaje aparece en san Agustín.

a la vida y otro yéndose de ella— del que Luciano hace broma en este diálogo, cambiándole solo los nombres, muchos años antes de que Agustín viviera.

5. No debes sorprenderte, pues, si quienes piensan que han hecho una gran hazaña —esos que han puesto a Cristo en su favor para siempre— influyen con sus fantasías sobre las mentes del vulgo tosco; o si han inventado una historia sobre un santo o un cuento horrible sobre el infierno para mover al llanto o hacer temblar de miedo a alguna vieja. Y así, apenas han dejado pasar una vida de santo o de virgen en la que no hayan insertado algunas falsedades de este tipo, se entiende que con una intención piadosa, pues de otra forma había peligro de que la verdad no pudiera sostenerse por sí misma sino que tuviera que apoyarse en falsedades. Y no han temido contaminar la religión con sus cuentos, esa religión que la propia Verdad estableció, y que quiso que se apoyara en la sola verdad. Tampoco han tenido en cuenta que historias de este tipo no contribuyen a nada bueno, sino que no hay nada más dañino que eso. Seguramente —como demuestra el mencionado padre Agustín— cuando se detecta una mentira entremezclada, al punto disminuye y se debilita la autoridad de la verdad. Por eso, a menudo me surge la sospecha de que una gran parte de esas historias elaboradas por unos cuantos granujas y herejes astutos y perversos, tenían como propósito, en parte, divertirse con la inconsciente credulidad de los ingenuos —más que de los sabios—, y en parte socavar la creencia de los cristianos en las narraciones verdaderas al poner en circulación meras ficciones; así que esos con frecuencia inventan algunas cosas tan parecidas a las que hay en la Sagrada Escritura que con facilidad desvelan que con su juego están ridiculizándolas. Por tanto, las narraciones que la Escritura divinamente inspirada nos confía, en ellas hemos de tener una fe indiscutida[14]. Por el contrario, deberíamos examinar con cuidado y atención el resto según la doctrina de Cristo —como si aplicáramos la regla de Critolao[15]— y aceptarlo o rechazarlo si queremos vernos libres tanto de la confianza vana como del temor supersticioso.

6. Pero ¿a dónde voy? Esta carta es ya casi más larga que un libro y no he dicho una palabra en alabanza tuya, en la que otro se habría centrado quizá exclusivamente. Tenía yo abundantes motivos para actuar así sin ser objeto de ninguna sospecha de adulación. Tienes —por no hablar del resto de tus virtudes— una erudición enorme y una sabiduría suma a la hora de actuar: lo atestiguan las numerosas misiones diplomáticas que has llevado a cabo en distintas naciones con tantas dificultades en la

---

[14] Como ocurría al inicio de la carta, Moro se sirve de nuevo de una disposición particular de las oraciones desde el punto de vista comunicativo: presentación previa de un marco de referencia (*quas scriptura nobis historias diuinitus inspirata commendat*) en el que lo que expone a continuación la oración principal (*eis indubitata fies habenda est*) tiene un sentido preciso: se trata de la ya mencionada construcción pragmática Tema (cf. Cabrillana, 1999).

[15] Critolao de Fasélide, de la escuela peripatética del s. ii a. C., que, junto con el académico Carnéades y Diógenes el estoico, formó parte de la conocida delegación que viajó a Roma en el 156-155. Cicerón alude a él en sus *Tusculanae Disputationes* (5,17,51) con un texto que explica lo que se dice aquí: *Quo loco quaero, quam uim habeat libra illa Critolai, qui cum in alteram lancem animi bona imponat, in alteram corporis et externa, tantum propendere illam [boni] lancem putet, ut terram et maria deprimat* («En este momento me pregunto qué puede significar la famosa balanza de Critolao, quien, al poner los bienes del alma en un plato y los del cuerpo y los bienes externos en otro, cree que el plato de los bienes del alma se inclinaría tanto por su peso que hundiría la tierra y el mar»).

negociación como éxitos. O una extraordinaria honradez y dignidad que, si no hubiese sido tan apreciada y comprobada, nunca un prudentísimo príncipe[16] habría querido que fueras su secretario. Pero tu singular modestia rechaza que se hable de tus otras virtudes; ella te lleva a que cuando haces por propia voluntad cosas tan dignas de alabanza, por propia voluntad no quieras, sin embargo, oírlas. Lo dejo, pues, a tu sentido de la honestidad, suplicándote solo que aceptes con ánimo tranquilo[17] estos primeros frutos de mis estudios del griego y los consideres como un signo, en cierta medida, de mi afecto y mis deberes para contigo. Me he atrevido a mandártelos con la mayor confianza; aunque tu juicio es tan agudo que nadie detectaría más rápidamente cualquier error que pueda haber, tu benevolencia es tal que nadie los perdonaría con mayor gusto. Adiós.

---

[16] Esta alusión a Enrique VII debe entenderse como laudatoria o incluso irónica. En otros lugares, el juicio de Moro sobre este rey no es precisamente positivo; cf., p. e., epigrama 19 en Cabrillana (2012: especialmente pp. 53-57).

[17] Nueva aparición de la expresión *aequo animo*; cf. nota correspondiente en esta carta, § 1.

EL CÍNICO DE LUCIANO, TRADUCIDO POR TOMÁS MORO

[PERSONAJES: LUCIANO[1] (LUC.) – CÍNICO (CIN.)]

1. LUC.— ¿Qué eres tú, entonces? Pues tienes barba y el pelo largo, pero no llevas túnica, te dejas ver desnudo y descalzo, después de elegir una vida ciertamente[2] errante, inhumana y propia de espectros[3]; tratas tu propio

---

[1] Moro cambia el nombre de "Licino" (*Lycinus*) del original griego por "Luciano" (*Lucianus*). Como se señala en la Introducción general (§ 2), el autor griego emplea dos nombres, sin que pueda saberse con certeza si ambos son pseudónimos: Luciano (*Loukianós*) y Licino (*Likĩnos*). Mientras que Pawlowski (2010: 18) no ve una gran trascendencia de este hecho en la recepción del diálogo, Wegemer (2011: 63) entiende que este cambio es una alusión apenas velada al propio Luciano con el fin de reforzar la conexión entre el personaje y el autor implícito.

[2] Traduce *nimirum*, añadido moreano.

[3] Lugar de traducción compleja: el texto griego presenta un claro θηριώδη mientras que Moro utiliza el fuerte *ferali uita*; Pawlowski (2010: 88) sugiere dos posibilidades: (i) que Moro esté tratando de enfatizar un matiz especialmente negativo de la palabra griega (cf. *LSJ*, s.v., II: "of beasts, *savage*") o (ii) que lo haya confundido con θρηνώδης ("cf. *LSJ*, s.v.: "like a dirge"), cuya equivalencia con *feralis* sería más exacta (cf. *OLD*, s.v. *feralis*: 1a ["Of or associated with death or the dead, funeral, funerary"], 1c ["suggestive of the underworld, spectral"], 3 ["presaging death, funereal"]). Es difícil dar una respuesta segura a la elección

cuerpo de forma contraria a como lo hacen los demás[4], siempre inadecuadamente[5], y deambulas por aquí y por allá, durmiendo además sobre el suelo desnudo, de forma que esa capa raída[6] que llevas se pone aún más sucia[7],

---

de Moro; una posible justificación residiría en que al haber utilizado previamente "inhumana" —donde hay una exquisita correspondencia entre el griego ἀπάνθρωπον (cf. *LSJ*, s.v., II: "of men and their deeds, *inhuman, savage*) y el latín *inhumanaque*—, Moro haya optado por una diversificación semántica, desplazando el sentido griego original ("no propia de humanos") hacia una acepción parcialmente metafórica del término, y de ahí mi traducción. Al mismo tiempo, no es descartable que con este término, Moro haya querido intensificar la comicidad y la ironía.

[4] Moro utiliza *caeteri*, más globalizador que el griego οἱ πολλοί ("muchos").

[5] Traduce *incommode*, una variación de Moro con respecto al griego τοῖς ἐναντίοις; así, donde Luciano presenta una forma de actuar del Cínico *contraria* a la que observan los demás o al menos muchos de ellos, Moro aporta un matiz que creo interesante, ya que de algún modo añade un cierto juicio moral sobre su forma de actuar: no solo, como es esperable, esta es distinta a la de otros muchos sino que esa forma de vida no es la adecuada, no es correcta (cf. *OCD*, s.v. *incommode*, 2: "inapropriatley, unsuitable; (ref. to personal behaviour) umbecomingly, improperly"). Esta variación respaldaría la comentada en la nota anterior, si se piensa en la importancia que quiere proporcionar Moro a la forma impropia de conducirse por parte del Cínico.

[6] Traduce *tritum… pallium*, un sintagma con el que Moro vierte la palabra griega τριβώνιον, quizá para resaltar la etimología de la palabra griega que se usaba para referirse al abrigo de los filósofos, proveniente del verbo τρίβω ("frotar, desgastar"); en realidad, el *LSJ*, s.v. τριβώνιον, lo remite a τρίβων (A): "worn garment, threadbare cloack". Con todo, la equivalencia parece bastante acertada: cf. *OCD*, s.v. *tritus*, 1b: "(of clothes) worn, threadbare", aunque podría decirse que Luciano añade una intensidad y plasticidad mayor al significado global al añadir ὡς ἄσην πάμπολλον, traducible por "que da mucho asco", donde Moro se limita a escribir …, *adeo ut plurimum etiam sordium*; cf. nota siguiente.

[7] La palabra traducida (de *sordes*) puede entenderse también metafóricamente haciendo referencia a una bajeza de condición o trivialidad de estilo; cf. *OCD*, s.v., 3b-3c.

70

por no decir que no es de hilo fino, ni es agradable ni atractiva[8].

CIN.— Pues no me hace falta, ya que una de este tipo se compra muy fácilmente y no da problemas a su dueño[9]; esta, digo, me basta.

2. Mas tú, por los dioses, dime, ¿no piensas que hay vicio en el lujo?

LUC.— Desde luego que sí.

CIN.— Y que, por el contrario, hay virtud en la sobriedad[10].

LUC.— Por supuesto.

---

[8] Desde el propio inicio del diálogo —si bien con tono ridiculizante— se dan a conocer algunos de los motivos y las ideas vertebradoras de la escuela cínica, como el elogio de la pobreza frente a la búsqueda de las riquezas, que no proporcionan la felicidad; la pobreza es equiparada por esta escuela con un mayor acercamiento a la naturaleza.

[9] En el texto griego la palabra correspondiente es el dativo τῷ κτησαμένῳ, interpretable literalmente por "poseedor, dueño", mientras que Moro utiliza *domino*, que tiene un espectro semántico más amplio, pero que puede adoptar también la noción aquí traducida; Malsbary (2017: *ad loc.*) ve una intención humorística por parte de Moro al enfatizar así el interés personal del Cínico en su manto.

[10] Traduce *frugalitate*, palabra que de nuevo experimenta cierto giro semántico sobre el original dativo griego τῇ εὐτελείᾳ, con una significación primaria más centrada en el sentido económico ("barato"); podría verse cierta intención de presentar un panorama de discusión con mayor presencia de conceptos morales. Hay que tener en cuenta también la combinación de conceptos que hacen referencia a algunas cualidades de lo virtuoso en el mundo romano; a este respecto, resulta muy ilustrativo el pasaje de Cicerón, *Tusc.* 3,16-18, donde se comparan y relacionan denominaciones y definiciones griegas y latinas de comportamientos virtuosos: *temperantia, moderatio, modestia, abstinentia, innocentia, frugalitas, fortitudo, iustitia, prudentia, constantia, quies*, etc. A este respecto, cf. también Wegemer (2011: 63).

CIN.— Entonces, ¿por qué al verme vivir con más sobriedad que la mayoría de la gente corriente, que vive con mucho más lujo, me censuras a mí y no a ellos?

LUC.— Por Júpiter, porque no me parece que vivas más sobriamente, sino con indigencia; es más, que llevas una vida absolutamente menesterosa y sin medios. Pues en nada te diferencias de los mendigos, que piden comida para cada día.

3. CIN.— ¿Quieres, pues, que veamos, ahora que la conversación ha llegado a este punto, qué es la indigencia y qué la abundancia[11]?

LUC.— Si te parece, de acuerdo.

CIN.— Así pues, ¿estimas suficiente para una persona lo que colma su necesidad o consideras otra cosa?

LUC.— Sea eso.

CIN.— Entonces, ¿supone la indigencia una carencia mayor que la necesidad, y que no llega al punto de lo que es necesario?

LUC.— Eso es.

CIN.— No me falta, pues, ninguna cosa, ya que lo que tengo satisface mi necesidad.

4. LUC.— ¿Cómo puedes decir eso?

CIN.— Lo entenderás si consideras para qué se hace[12] lo que usamos, lo que necesitamos, como por ejemplo la casa: ¿no es para protegernos?

---

[11] Se produce de nuevo cierta variación sobre el original griego: donde Luciano habla de necesidad (ἐνδεὲς) y de lo suficiente (ἱκανός), Moro introduce un binomio antitético algo más radical: *inopia* ("penuria") – *copia* ("abundancia").

[12] Moro, que utiliza *paratum est* parece desarrollar la idea de Luciano (γέγονεν, perfecto de γίγνομαι), con un significado más general de "llegar a ser" e incluso "nacer". Una diferencia similar se repetirá más abajo, en el parlamento de Luciano en § 5.

LUC.— Desde luego.

CIN.— ¿Y para qué es el vestido? ¿No es también para cierta protección?

LUC.— Sin duda[13].

CIN.— Y, por los dioses, ¿para qué necesitamos protegernos? ¿No será quizá para que lo que está protegido esté mejor?

LUC.— Eso me parece.

CIN.— ¿Te parece acaso que mis pies están peor?

LUC.— No lo sé.

CIN.— Pues lo vas a saber del siguiente modo: ¿cuál es la obligación[14] de los pies?

LUC.— Caminar.

CIN.— ¿Y te parece que mis pies caminan peor que los de los demás[15]?

LUC.— Eso quizá no.

CIN.— Pero, estén mejor o peor, ¿no podrían cumplir su cometido?

LUC.— Puede.

CIN.— Luego no parece que mis pies estén peor que los de otros.

LUC.— No, no lo parece.

CIN.— ¿Y qué hay de mi cuerpo? ¿Acaso está en peor estado que el de otros? En verdad, si se encontrara en peor estado, sería también más débil, pues la fortaleza es la salud del cuerpo. ¿Acaso mi cuerpo es más débil?

---

[13] Malsbary (2017: *ad loc.*) ve de nuevo una carga más irónica en Moro, que se sirve de *sane* frente al incoloro ναί ("sí") de Luciano.

[14] Moro utiliza un concepto (*officium*) más fuerte que el griego ἔργον, de significado mucho más general ("función", etc.).

[15] Nueva variación de Moro (*aliorum*: "de los otros", "de los demás") sobre el original de Luciano (τῶν πολλῶν: "de muchos", "de la mayoría").

LUC.— No parece.

CIN.— Entonces, ni parece que mis pies necesiten protección, ni tampoco el resto de mi cuerpo. Pues si la necesitaran, es que estarían mal. Y así, la pobreza es siempre algo malo y hace peor a cualquier cosa que esté cercano a ella. Pero no parece que mi cuerpo esté peor alimentado porque se alimente de lo que encuentra.

LUC.— Desde luego, eso está claro.

CIN.— De modo que no estaría vigoroso y robusto[16] si estuviera mal alimentado, ya que la mala alimentación debilita al cuerpo.

LUC.— Así son las cosas.

5. CIN.— ¿De qué forma, pues, dime, siendo así las cosas, me censuras y desapruebas mi modo de vida y la consideras miserable?

LUC.— Por Júpiter, porque la naturaleza —a la que tú honras— y los dioses establecieron la tierra para todos nosotros[17] y de ella surgen verdaderamente[18] muchos bienes, de modo que todos ellos nos provean en abundancia, y no solo para la necesidad sino también para el placer. Pero tú no tomas parte en todas esas cosas o al menos no en muchas de ellas, y ciertamente no disfrutas de ellas más que los animales. Realmente bebes agua, como la beben las fieras; comes, como los perros, lo que vas encontrando y tienes un lecho no mejor que ellos: te basta

---

[16] Moro desdobla en dos adjetivos (*uegetum - robustum*) la descripción del cuerpo del cínico, mientras que Luciano solo emplea uno: εὔρωστον ("robusto, fuerte").

[17] Traduzco así la variante de Moro (*in communi*) del griego ἐν μέσῳ ("en medio de todos nosotros").

[18] Traduce el adverbio *nimirum*, añadido por Moro sobre el original griego.

un poco de paja, como a ellos; y llevas además un manto no más decente que el de un mendigo. Y si tú consideras correcto el contentarte con eso, entonces ciertamente la divinidad no obró bien: primero, porque hizo a las ovejas provistas de lana; después, a las viñas fecundas en dulce vino, y a los otros productos de variedad admirable: aceite, miel y todo lo demás, para que tuviéramos alimentos de todas clases, para que tuviéramos bebida dulce, para que tuviéramos dinero, para que tuviéramos un lecho blando. Además, casas bonitas y todo lo demás muy bien dispuesto. De hecho, también los beneficios de las artes son regalo de los dioses; y vivir privado de todos estos bienes, eso sería realmente miserable, incluso si hubieras sido privado de alguno de ellos por alguien, como pasa a quienes están presos en las cárceles. Pero es mucho más miserable el que alguien se prive a sí mismo de esos bienes: eso es realmente una locura manifiesta[19].

6. CIN.— Quizá tienes razón. Pero dime: si alguien con riquezas, generosamente y con buena voluntad, invita como anfitrión a un banquete a mucha gente a la vez de todas las procedencias, unos enfermos, otros con buena salud; si alguno —digo— se lanza a por todo y devora todo —no solo lo que tiene cerca sino también lo que tiene más lejos y que está claramente preparado para los enfermos—, ese que, sin embargo, goza de buena salud, que solo tiene un estómago y que no necesita mucho para

---

[19] Esta intervención de Luciano parece mostrar buenos principios e intenciones por su parte, pero el interlocutor está absolutamente falto de reflejos; el cínico aprovecha lo que aquí se introduce para hacer una extrapolación un tanto desviada, aportando un argumento con parte y apariencia de verdad: que las cosas están para que cada uno las use según lo que realmente necesite.

alimentarse, y se dedica a eso mucho más tiempo[20] que los demás, ¿cómo te parece que es ese hombre?: ¿acaso honesto[21]?

LUC.— A mí no, desde luego.

CIN.— Entonces, ¿qué? ¿Acaso moderado[22]?

LUC.— No, tampoco eso.

7. CIN.— ¿Y si alguien que participa del mismo banquete no se fija en los muchos y variados manjares, y una vez que ha elegido uno de los que tiene cerca y que basta para lo que necesita, lo come decentemente[23] y solo se sirve ese y no mira a los otros, ¿acaso no lo consideras más moderado y mejor que aquel otro?

LUC.— Yo sí, la verdad.

CIN.— ¿Lo entiendes ya o debo explicártelo?

LUC.— ¿El qué?

CIN.— Que la divinidad es precisamente semejante a aquel que prepara un banquete bien y que ha provisto

---

[20] De acuerdo con Malsbary (2017: *ad loc.*), en el texto griego de la edición Aldina que parece haber usado Moro, la expresión a la que corresponde debería traducirse con la idea de "va a hacerse daño por tantas cosas"; sin embargo, Moro lo vierte como "dedicar más tiempo que los demás"; la causa puede estar en que existe un verbo griego —ἐπιτρεβήσεσθαι ("estar afligido, deshecho")— que quizá Moro confundió con el correspondiente simple (τρίβω-τρίβεσθαι), que en una de sus acepciones puede significar "gastar, pasar (tiempo)"; cf. *LSJ*, s.v., 2, 4.

[21] Se da un matiz diferente en el original griego (φρόνιμος: "prudente, juicioso") y en la versión latina (*probus*), donde quizá se habría esperado *prudens*.

[22] Mientras que el griego presenta el concepto de hombre "sensato" (σώφρων), Moro prefiere algo con mayor carga ética (*temperans*).

[23] El adverbio latino usado por Moro —*decenter*— puede traducirse con la idea de "con proporción, con moderación", mientras que el griego vuelve a la idea de "sensatez" señalada en la nota anterior, y con el mismo término en grado comparativo (σωφρονέστερον).

de muchos y variados manjares, de todo tipo, para que sean adecuados a cada persona: unos para los que están sanos, otros para los enfermos, y unos para los fuertes, otros para los débiles; no para que todos nos sirvamos de todo, sino para que cada quién elija lo que conviene a su natural y, de todos estos bienes, lo que necesite de acuerdo con su circunstancia.

8. Pero vosotros os parecéis al que coge de todo de forma insaciable y sin dominio de sí, ya que queréis serviros de todo tipo de cosas y procedentes de todas partes, sin que os contentéis solo con los bienes que se dan entre vosotros; pensáis que no basta ni siquiera la propia tierra ni el mar, sino que hacéis traer los placeres desde los confines de la tierra y preferís los productos de fuera a los del país y los más caros antes que los sencillos, los que son difíciles de conseguir que los que resulta más fácil. En resumen, escogéis tener preocupaciones y males antes que vivir sin preocupaciones[24]. Pero todas estas provisiones preciosas y opulentas por las que os enorgullecéis os llegan a través de una gran adversidad y desgracia. Piensa, si quieres, en el oro, tan deseado, o en la plata; piensa en las casas lujosas, piensa en los trajes sofisticados y en todo lo de esa clase: con cuántos esfuerzos se compran, con cuántos trabajos y riesgos; incluso con cuánta sangre, muerte y destrucción de las personas. No solo porque mientras navegan por esta

---

[24] Se llega aquí a un punto en el que la extrapolación del cínico se hace especialmente notoria. Aunque parece que el cínico lleva el hilo del mejor razonamiento, confunde "necesidad" con "necesidad extrema para no morir", de modo que buscar lo contrario lo identifica con vivir con problemas, llegando a esta conclusión engañosa: de alguna manera, el cínico extrapola sus afirmaciones y argumentaciones sin matices, algo que entremezcla con algunas verdades para obtener mayor credibilidad.

causa muchos mueren, y al tratar de buscar esas cosas y conseguirlas, sufren mucho, sino también por esto, porque provocan muchos enfrentamientos y porque hay mucha conspiración de unos contra otros: amigos contra amigos, hijos contra padres, esposas contra maridos. Así, pienso que también Erifile[25] traicionó a su marido por oro.

9. Y todas estas cosas suceden a pesar de que esos mantos coloreados en nada proporcionan más calor, ni esos edificios dorados protegen más, ni esas copas de plata añaden nada más a la bebida. Ni tampoco esos lechos dorados[26] o de marfil os facilitan un sueño más dulce; es más, muchas veces verás que los "felices"[27] no pueden conciliar el sueño sobre su lecho de marfil o sobre lujosos cobertores. Además, todas esas preocupaciones de todo tipo sobre las comidas no alimentan más, sino que más bien malcrían los cuerpos y les generan enfermedades.

10. ¿Y qué habría que decir[28] de todas las molestias mortales[29] que se dan y que sufren por causa de la lujuria?

---

[25] En la saga tebana, Erifile fue la esposa de Anfiarao de Argos, a quien convenció para que participara en el asalto que originó la guerra de los Siete contra Tebas; Erifile, que sabía que su marido moriría, habría sido convencida por Polinices para que consiguiera esa ayuda de Anfiarao a cambio de un collar de Harmonía (cf. Apolodoro, 3,2). Mantengo aquí la acentuación griega del nombre propio.

[26] En el texto griego, el adjetivo con esta significación está adscrito al anterior "copas", algo que parece más lógico.

[27] Moro recoge el rico término griego εὐδαίμονες ("dichosos", "ricos", "felices", "prósperos", etc.: cf. *LSJ*, s.v. εὐδαίμων) con la palabra *beati*, que traduzco en su acepción primera y principal (cf. *OLD*, s.v. *beatus*, 1) por "felices" para intentar transmitir la ironía presente en el pasaje.

[28] Esta pregunta aparece repetida en el original griego, que Moro aligera.

[29] Moro intensifica aquí el sentido del original griego, donde figura πράγματα, interpretable como "trabajos" en general.

78

¡Qué fácil de remediar esa pasión si no se quieren deleites excesivos! Y ni siquiera esta locura y corrupción parece bastar a los mortales, ya que incluso pervierten el uso de las cosas, empleando cada una de ellas para lo que no está en absoluto pensada[30], como si alguien quiere usar en lugar de un carro el lecho, como si fuese un carruaje.

LUC.— ¿Quién es ese?

CIN.— A vosotros me refiero, los que utilizáis a los hombres como bestias de carga, pues les ordenáis que lleven sobre sus cuellos las literas como si fueran carros. Y vosotros mismos vais encima, echados muellemente, y desde allí los conducís como si fueran asnos, mandándoles que vayan por aquí, no por allí; y quienes más hacéis esto, esos mismos os consideráis más felices.

11. Entonces, los que se sirven de la carne de los peces[31] no solo como alimento sino que incluso extraen de ella algunos colorantes; esos que tiñen con púrpura, digo, ¿no utilizan esas cosas hechas[32] por la divinidad de manera antinatural según su modo de ser?

LUC.— No, por Júpiter, ya que la carne del múrice puede usarse para teñir y no solo para comer.

---

[30] Binomio ligeramente diferente en griego (πρὸς ὃ μὴ πέφυκεν: "para las que no nacieron naturalmente") y en latín (*ad quod minime paratae sunt*), donde Moro utiliza una expresión para cosas hechas por el hombre. Cf. comentario correspondiente al parlamento del Cínico en § 4.

[31] Añadido por Moro (*piscium*).

[32] En este caso parece existir mayor proximidad entre la expresión lucianea (τοῖς τοῦ θεοῦ κατασκευάσμασιν: "cosas puestas a nuestra disposición por la divinidad para otro uso"), y la moreana (*praeparata a deo*); en ambos casos hay clara constatación de la participación de un agente divino en el proceso verbal.

CIN.— Pero no ha nacido[33] para eso. Y alguien podría maltratar una crátera[34] y usarla como si fuera una olla, pero no ha sido hecha[35] para eso. Mas ¿cómo podría alguien explicar la completa infelicidad de esos, siendo tan grande? Tú, sin embargo, me acusas porque no quiero participar de ella. Pero yo vivo como ese invitado moderado, alimentándome de lo que tengo a mi alcance y tomándolo con enorme frugalidad, sin anhelar los alimentos más variados y de todas clases.

12. Y así, como yo necesito de poco y no utilizo muchas cosas, te parece que llevo una vida como la de una bestia. Pero con ese razonamiento tuyo, los dioses corren realmente el riesgo de ser inferiores a las bestias, ya que ellos mismos nada necesitan. Mas, para que entiendas de manera más precisa cómo son estas dos cosas —necesitar mucho o poco— piensa lo siguiente: primero, que los niños necesitan más que los adultos, después, que las mujeres más que los hombres, también que los enfermos tienen más necesidades que los que están sanos; en suma, en todas partes lo inferior necesita más que lo superior, por lo que los dioses no tienen necesidad de ninguna cosa, y los que están más cerca de los dioses precisan menos.

---

[33] Cf. nota anterior.

[34] En la edición seguida, *cratere*, que sigue el régimen clásico de *utor*, en ablativo; sin embargo, en la edición de 1506, aparece *craterae*, forma de dativo, como en la construcción griega. Quizá *craterae* fue lo que escribió Moro, algo que pudo ser cambiado en la impresión de 1514.

[35] El griego utiliza un verbo que se interpreta mejor como "no… ser hecha; ser creada" (οὐ… γέγονεν), mientras que en latín aparece *paratum est*, un proceso verbal propio de algo artificial.

13. ¿O acaso piensas que Hércules[36], el más excelente de todos los humanos por ser hombre divino y considerado con razón como un dios, fue infeliz por andar errante[37], desnudo, con solo una piel, y sin desear ninguna de estas cosas nuestras? Mas no era en absoluto desgraciado, él que libraba de males a otros; ni tampoco era pobre él, que dominaba la tierra y el mar. Y dondequiera que ponía su empeño, superaba a todos en todo; y no se encontró nadie en su tiempo que lo igualara o lo venciera hasta que se fue de entre los humanos. ¿Y piensas tú que le faltaba ropa o calzado y que por eso un hombre de tal categoría iba deambulando por la tierra[38]? Desde luego, no se puede decir eso. Más bien era un hombre dueño de sí y fuerte, y que quería vivir con moderación[39] y sin necesitar de placeres. ¿Y qué hay de Teseo, su discípulo?

---

[36] Se inicia aquí una comparación ya adelantada en § 12 que tiene la apariencia de consistente, pero hay que entrever que no puede ser totalmente creíble —aun teniendo en cuenta el trasfondo mitológico en el que se está— por no ser válido en sentido estricto: mortales y criaturas (semi-)divinas no son totalmente equiparables en sus naturalezas y, por tanto, en sus necesidades, capacidades y formas de comportarse.

[37] El original griego presenta un matiz algo distinto en esta expresión: «… considerado con razón como un dios, anduvo errante por el mundo desnudo *por una mala suerte* …?» (…, διὰ κακοδαιμονίαν περινοστεῖν γυμόν, …).

[38] El texto latino (*atque ob id* mundum *obambulasse tantum uirum?*) presenta una construcción algo distinta —utilizando un verbo intransitivo que funciona ocasionalmente como transitivo con un Objeto— que el original griego (καὶ διὰ τοῦτο περιιέναι τοιοῦτος: «… y que por ello andaba errante con ese aspecto?»), donde el verbo περιίστημι es usado en su construcción intransitiva (cf. *LSJ*, s.v. περιίστημι, B).

[39] De nuevo parece que Moro introduce un matiz con más carga ética (moderate uiuere *uolebat*) que lo que presenta el texto griego (κρατεῖν: "ser resistente, tener fuerza o poder": cf. *LSJ*, s.v. κρατέω: "to be strong").

¿No era rey de todos los atenienses e hijo, según cuentan, de Neptuno[40], y el mejor[41] de todos los de su tiempo?

14. Sin embargo, también él quiso ir descalzo y andar desnudo, y le gustaba dejar crecer el pelo y la barba; y no era el único, sino que a todos los antiguos les gustaba, porque eran mejores que vosotros, hasta tal punto que ni uno solo habría soportado ser afeitado más que un león. Como pensaban que la languidez y la suavidad de la carne iban bien a las mujeres, ellos querían tener apariencia de varones, lo que realmente eran, y consideraban la barba como un adorno del varón, de la misma forma que en los caballos lo son las crines y en los leones la melena; a estos la divinidad les concedió cierta hermosura de esplendor y ornamento, de la misma manera que a los varones les añadió la barba. A esos hombres antiguos yo los envidio, digo; a esos quiero imitar, pero no imito a los de este tiempo a causa de su maravillosa felicidad que ponen en los banquetes y en sus vestidos, mientras que depilan y suavizan todas las partes de su cuerpo, y no dejan ni siquiera las más íntimas según estableció la naturaleza.

15. Ciertamente deseo que mis pies no se diferencien en nada de un caballo, como se cuenta que fueron los de Quirón[42]. Y así, no quiero necesitar cubrirme, como los

---

[40] Como ya ha hecho en ocasiones anteriores y será la práctica habitual, Moro sustituye los nombres de los dioses griegos por los correspondientes de la mitología latina (Zeus – Júpiter; Posidón – Neptuno, etc.).

[41] Traduzco así —con un sentido inclusivo y general, y no restringiéndolo a la fuerza física— el superlativo *fortissimus*, ya que es posible desde el punto de vista semántico y creo que se recoge de forma más ajustada el sentido del original griego ἄριστος (cf. *LSJ*, s.v. ἀρι- [α]: "cogn. with ἀρείω, ἄριστος, chiefly denoting goodness, excellence").

[42] Uno los centauros, criaturas con naturaleza humana de cintura para arriba y de caballo en el resto del cuerpo.

82

leones, ni comer nada exquisito, como los perros; y que además me baste cualquier parte de la tierra por lecho, que pueda tener por casa el mundo, y elegir, en fin, el alimento que sea más fácil de conseguir. Y que no desee jamás oro o plata ni yo ni ninguno de mis amigos, pues del anhelo por estas cosas nacen todos los males para los seres humanos: rebeliones, guerras, conspiraciones y matanzas. Y todo esto tiene su fuente en el deseo de poseer más; pero que ese deseo se mantenga lejos de nosotros, para que jamás apetezca más de lo suficiente, sino que sea capaz de llevar con ánimo tranquilo[43] el tener menos.

16. Así, pues, es nuestra opción, muy distinta de las opiniones del vulgo. Y no es en absoluto extraño que nos diferenciemos de ellos en el vestido, puesto que nos diferenciamos tanto en el modo de vida[44]. Pero me sorprende de ti la forma en que atribuyes al citarista un cierto traje y porte, y también el suyo al flautista, y al actor trágico el suyo, pero de un hombre bueno no imaginas su estilo ni un modo de vestir propio, sino que consideras que ha de vestirse como el vulgo, aunque el vulgo sea perverso. Y si

---

[43] Se trata de un significativo añadido de Moro: *aequo animo*, ya utilizado más arriba: cf. notas correspondientes en la Carta a Ruthall, §§ 1, 6. El humanista inglés da un tinte diferente, más positivo quizá y menos estoico, al solo hecho de "soportar" que utiliza Luciano: μειονεκτῶν δ᾽ ἀσέχεσθαι δυναίμην ("sino que pueda soportar el ir teniendo menos"). Algunos argumentos del cínico tienen parte de razón: la avaricia, en efecto, no proporciona la felicidad; sin embargo esa afirmación ha de ser matizada en el sentido de que que no se es necesariamente avaricioso por servirse de bienes materiales.

[44] Se observa un matiz distinto para este concepto en el original griego (τῇ προαιρέσει: "libre elección", "intención"; cf. *LSJ*, s.v. προαίρεσις, 1 ["choosing one thing *before* another"]; 2 ["purpose"]), quizá con un planteamiento menos práctico, y en el vocablo utilizado por Moro (*institutum*).

debe existir algún porte particular propio de los hombres buenos, ¿cuál les vendría mejor que este mío, del que se avergonzarían los que viven muy licenciosamente[45], y que evitan a toda costa?

17. Mi porte, pues, es este: ser escuálido, ir desgreñado, cubrirme con un manto sencillo, dejarme el pelo largo y caminar sin sandalias. El vuestro, por el contrario, es muy parecido al aspecto de los desvergonzados[46], y nadie podría diferenciaros de ellos ni por el color del manto, ni por su suavidad, ni por el número de camisas, ni por las capas, ni por el calzado, ni por el cuidado del pelo, ni por el perfume. De hecho, oléis de manera muy parecida a ellos, especialmente vosotros, los que sois más afortunados. ¿Y qué se haría cuando un hombre tiene el mismo perfume que un desvergonzado? Desde luego, no resistís más que ellos en las fatigas, pero en los placeres sois vencidos más que ellos; coméis lo mismo, dormís de igual manera y deambuláis…; en realidad no queréis deambular sino más bien que os lleven como fardos, unos por hombres y otros por mulos. A mí, sin embargo, mis pies me llevan a donde necesite. Y yo soy capaz de soportar el frío, sufrir el calor y no enfadarme por cualquier cosa que los dioses me pongan delante, porque soy desgraciado[47].

---

[45] Moro utiliza un adjetivo relativamente punzante: *luxuriosis* y algo más fuerte que el griego τοῖς ἀκολάστοις (cf. *LSJ*, s.v. ἀκολασία - ἀκόλαστος - "undisciplined, umbridled").

[46] El término que utiliza Moro (*Cinaedorum*) puede entenderse también como "persona de hábitos afeminados": cf. *OLD*, s.v. *cinaedus*, 1.

[47] Moro intensifica la ironía con la que habla aquí el cínico, contraponiendo este modo de ser al de los "afortunados" anteriormente aludidos. El término traducido es el latino *miser*, mientras que en original griego aparece ἄθλιος, que puede en efecto tener el mismo significado pero más bien como consecuencia de su acepción primaria: "luchador

En cambio, vosotros, por vuestra abundancia, no estáis contentos con nada de lo que os venga en suerte[48], os quejáis de todo y no podéis aguantar el presente, anheláis lo ausente; en invierno deseáis el verano y lo contrario: en verano suspiráis por el invierno; cuando hace calor, por el frío y cuando hace frío, por el calor; lo mismo que los enfermos, siempre descontentos y quejosos: lo que en ellos lo genera la enfermedad, en vosotros, en cambio, lo hacen vuestras costumbres[49].

18. Y a pesar de ser las cosas así, consideráis correcto decirnos que adoptemos vuestro modo de vida y que corrijamos el nuestro, cuando las cosas que hacéis están a menudo mal decididas y vosotros mismos no sois en absoluto cuidadosos en vuestros propios asuntos, y actuáis sin juicio ni razón en nada, guiados por vuestro deseo de costumbre[50]. Por tanto, en nada os diferenciáis de los que son arrastrados por un torrente; esos, a donde los lleva la corriente, allí son arrebatados; y vosotros, a donde os llevan las pasiones. Con vosotros pasa lo mismo que con alguien que monta un caballo desbocado: el caballo lo arrastra y lo va llevando; y él ya no puede bajarse del caballo, que no para de correr. Y si alguien se lo encontrase y le preguntara a dónde va, él responde, señalando

---

en la vida", "sufrido"; cf. *LSJ*, s.v. ἄθλιος: "lit. *winning the prize* or *running for it* (…). II metaph., *struggling, unhappy, wretched, miserable*".

[48] Moro añade una idea similar a "suerte" (*fortuna*), ausente en el texto griego.

[49] El autor inglés ha respetado y casi potenciado el juego de palabras presente en griego: νόσος… τόπος - *morbus… mores*. Esta forma de proceder da cuenta de la calidad en la forma de traducir.

[50] La expresión griega quiere significar "costumbres *y* deseo - pasión" (ἔθει καὶ ἐπιθυμίᾳ), pero Moro realmente escribe *consuetudine cupiditatis*.

al caballo: "a donde a él le parezca". De la misma manera, si alguien os pregunta a dónde os dejáis conducir, si es que queréis decir la verdad, diréis que a donde les parezca a vuestras pasiones, pero por turno: unas veces a donde decida el placer, otras a donde decida la ambición, y otras más, a su vez, a donde el afán de lucro; a veces parece que os conduce la ira, a veces el miedo o alguna otra cosa parecida. Pues habéis montado no un caballo solo sino muchos: ahora este, ahora aquél, y todos desbocados. De modo que os llevan al precipicio y al abismo. Antes de caer no sabéis dónde vais a acabar.

19. Pero este manto raído del que os reís y mi pelo y mi porte tienen tanta fuerza que me proporcionan una vida tranquila, y hago lo que quiero y estoy con quien quiero[51]. De hecho, ninguno de los hombres ignorantes e incultos querría acercarse a mí por esta apariencia mía. Los que son blandos se dan la vuelta ya desde lejos. En cambio, se acercan los más doctos y los más moderados; y los que aman la virtud, esos sobre todo vienen a mi lado y disfruto de su frecuente compañía. Pero no suelo ir a las puertas de esos que se llaman seres humanos[52],

---

[51] Esta idea (*ut uitam mihi quietam praebeat, utque agam quid uolo, uerserque cum quibus uolo*), que ya aparece en Cic., *off.* 1,70 (*sic uiuere ut uelis*) o en Aug., *civ.* 14,25, *passim* (*uiuit ut uult...*) será de nuevo retomada con matices por Rafael Hythlodeo en *Utopia CW* 4,56/1 (*uiuo ut uolo*). Es de notar la ironía de la que hace gala Luciano y que recoge Moro: mientras el cínico critica a los que no se rigen por el juicio y la razón, él termina sentenciando que su forma de vivir —como si fuera el mejor modo de conducirse— consiste en hacer lo que quiere; a este respecto, cf. la particular interpretación de Fox (1983: 39) y la observación de Wegemer (2011: 63-65).

[52] Luciano habla de τῶν καλουμένων εὐδαιμόνων ("de los que se llaman felices"), mientras que Moro rebaja la auto calificación (*qui uocantur* homines), intensificando así la actitud radical del cínico.

considero arrogancia sus coronas de oro y su púrpura, y me río de ellos.

20. Y para que entiendas que mi porte —aunque te burles de él si te place— conviene no solo a los hombres buenos sino también a los mismos dioses, observa las estatuas de los dioses: si son más parecidos a vosotros o a mí[53]; y no te fijes solo en las de los griegos sino también en los templos de los extranjeros, y mira si los dioses tienen el pelo y la barba como yo, o si están pintados y afeitados como vosotros. ¡Cuántos verás también sin túnicas, como ves que voy yo! ¿Cómo, pues, te vas a atrever a partir de ahora a encontrar falta a mi porte, cuando parece claro que es adecuado incluso a los dioses?

Fin del *Cínico* de Luciano, traducido por Tomás Moro.

---

[53] La equiparación iniciada más arriba entre criaturas mortales y semi-dioses llega aquí a un clímax de extrapolación que hace realmente ridículo y cómico el parlamento final del cínico.

MENIPO O NECROMANCIA[1]
DE LUCIANO,
TRADUCIDO POR TOMÁS MORO

[PERSONAJES: MENIPO (MEN.) –
FILÓNIDES[2] (FIL.)]

---

[1] Prefiero respetar la palabra traducida en una de sus posibilidades castellanas, la más próxima a su origen etimológico; algunos traductores de la obra griega —a la que Luciano da el nombre de *ΜΕΝΙΠΠΟΣ Η NEKYOMANTEIA*— titulan *Menippus* or *The descent to the Hades* (Harmon (1925), en la colección de *Loeb Classical Library*; por su parte, la versión inglesa realizada por Malsbary que aparece en Wegemer & Smith (eds.) (2020) —citado a partir de ahora como Malsbary (2020a)— titula *Menippus* or *A Consultation with the Dead*, mientras que la traducción española más reciente conocida (Jufresa y Vintró, 2013) se decanta por *Menipo o La Nigromancia*. En todo caso, en los títulos se alude a la visita de Odiseo al Hades, en el libro 11 de la *Odisea* homérica.

[2] Moro utiliza este nombre a partir del término griego más cómodo y general Φίλος ("[un] amigo"); se respeta aquí la elección de Moro (Φιλωνίδης: lit. "hijo de un amigo"), aunque en la *editio princeps* de 1496 el nombre de este interlocutor es abreviado con frecuencia como Φι, por más que Φιλω y Φιλωνίδης aparecen en la parte final del diálogo. Por su parte, y según señala Thompson (1974: 143), en la edición de 1503, el nombre impreso es inicialmente Φιλωνίδης y después Φιλω; en algunas ediciones modernas aparece Φιλωνίδης y en otras Φίλος. Como se dice en la Introducción general (§ 8), sigo aquí el texto latino establecido por Thompson (1974): *CW* 3. En otro orden de cosas, habría que decir que este interlocutor del diálogo resulta un personaje más bien poco definido y que tiene el papel casi exclusivo de interrumpir los largos parlamentos de Menipo para ayudar así a renovar la atención del auditorio; como se sabe, mucha parte de la producción de Luciano fue escrita para ser leída en público.

1. MEN.— *Salve, atrio y portal de mi casa. / ¡Cómo me alegro al veros, ya de vuelta a la luz!*[3].

FIL.— ¿No es ese Menipo, el cínico[4]? Por Hércules[5], que no es otro, a no ser que yo tenga alucinaciones y vea Menipos por todas partes[6]. Pero ¿qué significa esa pinta tan extravagante: maza[7], lira y piel de león? Debo acercarme a él de todas maneras. ¡Salve, Menipo! ¿De dónde nos vienes? Hace ya tiempo que no te hemos visto por la ciudad.

---

[3] Lo que se consigna en cursivas corresponde a la traducción de un texto literario griego en este diálogo. En este caso, se trata de dos versos —523-524— del *Hércules loco* de Eurípides, versos que pronuncia este personaje al retornar del inframundo; de la misma forma que aparece en la poesía del trágico griego, Moro ha articulado estos versos en trímetros yámbicos, una de las posibilidades de la métrica clásica con base en el pie yambo, constituido por la sucesión de una sílaba breve y una larga. De cuerdo con lo que se dice poco después, Menipo aparece aquí vestido como Hércules.

[4] Tanto el griego (κύων, κυνός; en el texto, κύνων) como el latín (*canis*) presentan de modo literal la palabra "perro"; traducimos aquí por "cínico", pues esta es la común derivación desarrollada a partir del término griego cuando se usa como insulto o de modo despectivo ("desvergonzado, despreciable", etc.: cf. *LSJ*, s.v. κύων, II: "as a word of reproach, freq. in Hom. of women, to denote shamlessness or audacity"); de hecho, el adjetivo correspondiente κύνεος puede significar "perruno, cínico, impudente" (cf. *LSJ*, s.v. κύνεος, II: "metaph., *shameless, unabashed,...* III = Κυνικός, σοφισταί"). En otro orden de cosas, se conoce la existencia del filósofo cínico del s. III a. C., Menipo de Laercia, una de cuyas obras es una *Nekya* (o "evocación de los muertos"), y que probablemente sirvió a Luciano de inspiración para este diálogo.

[5] Exclamación añadida por Moro.

[6] Existe también aquí cierta variación entre el original griego en la edición de Harmon (1925), seguida aquí (Μένιππος ὅλος: "Menipo al completo"), y el latino (*nisi forte ad Menippos omneis hallucinor*). En el texto de la edición de Jufresa & Vintró (2013) aparece Μένιππους ὅλους.

[7] Moro ha sustituido el original πῖλος ("sombrero de fieltro") por la *claua*, uno de los atributos de Hércules.

MEN.— *Aquí estoy, dejando atrás antros de muertos / y puertas negras de tristes tinieblas, / donde moran los Manes[8], lejos de otros dioses[9].*

FIL.— ¡Oh, Hércules! ¿Es que ha muerto Menipo sin que nos diéramos cuenta y ha vuelto de nuevo a la vida?

MEN.— No, pues el Tártaro me ha acogido todavía vivo.

2. FIL.— ¿Y cuál es la causa de este nuevo e increíble viaje?

MEN.— *La juventud me empujó, y la audacia: / esta, no menos fuerte que mi juventud[10].*

FIL.— Deja, querido amigo, la tragedia y, apeándote de los versos yámbicos[11], cuenta más bien, lisa y llanamente, el porqué de estos vestidos, cuál fue la causa de tu viaje a los infiernos, cuando además no debe ser un viaje alegre ni apetecible.

---

[8] Aunque se trata de una cita literaria, Moro, como es costumbre, sustituye los nombres de las divinidades griegas —en este caso, Hades— por las correspondientes latinas.

[9] Versos iniciales de la *Hécuba* de Eurípides que pronuncia el espectro de Polidoro como prólogo.

[10] Nueva cita literaria, quizá proveniente de la *Andrómeda* perdida de Eurípides (cf. Nauck, 1889: 403, fr. 149); en realidad, en el fragmento aparece algo que tiene más sentido: νεότης μ' ἐπῆρε καὶ θράσος τοῦ νοῦ πλέον ("me arrastró la juventud, más poderosa *que la razón*"). Sin olvidar que el segundo verso (*quam pro iuuenta haud paululm impotentior*) no está en el original lucianeo, es posible que el repetido *iuuenta* de Moro en tal verso esté en realidad por el νέου que aparecía en la edición de 1503; en todo caso, la lectura de este fragmento suele ser νοῦ. Una traducción alternativa al segundo verso insertado por Moro sería "ya que para ser joven no era demasiado insolente" (cf. Pawlowski, 2020: 90).

[11] Como se aludió más arriba, es el tipo de verso que ha utilizado Menipo en sus citas de la tragedia.

MEN.— *Amigo, un serio asunto me llevó a las sombras infernales, / para consultar el espíritu del adivino Tiresias*[12].

FIL.— Pero es que deliras, o de otra forma no recitarías así a los amigos[13], empalmando[14] versos.

MEN.— No te sorprenda, amigo, pues he estado en compañía de Eurípides y Homero y no sé cómo me he

---

[12] Esta vez la cita corresponde a Homero, *Odisea* 11,164 con algunos ajustes: el vocativo inicial, con el que Odiseo se dirige a su madre muerta en el inframundo —¡oh, madre *mía!*— ha sido sustituido por Luciano por φιλότης, algo que recoge Moro; por otro lado, el sujeto en griego tiene una fuerza mayor: χρειώ ("la necesidad"; cf. *LSJ*, s.v. χρεών - χρεόν - χρειών: "I. *that which must be*"; II. *necessity, fate*") que el *res... grauis* de Moro, este más medido. Otra sustitución delicada se produce en el amplio ψυχῆ griego de Tiresias, frente al *manes* latino de Moro, que el *OCD*, s.v. *manes*, 1c especifica del siguiente modo: "(w. gen., poss., adj., etc.) the shade of a particular person"; pese a que una versión más literal llevaría a traducir "la sombra del adivino Tiresias", he preferido elegir un cuasi-sinónimo algo más neutro de la palabra griega, que podría traducirse por "alma", aunque en Homero admite también la acepción de "sombra" o "espíritu": cf. *LSJ*, s.v., II: "departed spirit, ghost". Por último, mientras Luciano respeta el genitivo Θηβαίου Τειρεσίαο ("del tebano Tiresias"), Moro sustituye el gentilicio por el oficio de este (*uatis*). En cuanto a la forma métrica, el autor inglés ha cambiado de metro y en lugar del trímetro ha utilizado el hexámetro típico de la épica. Como se ve, hasta ahora Menipo ha hablado casi exclusivamente con citas de la tragedia o la épica griega, algo que resulta un tanto ridículo y cómico, pero hasta cierto punto coherente —aun en clave irónica— con quien vuelve del Hades y dice que acaba de estar leyendo a algunos trágicos. Puede entenderse esta alusión como la forma que escoge Luciano para contextualizar su historia no como como una imitación sino como sátira (cf. Gómez C., 2019b: 53).

[13] Luciano utiliza un sintagma menos expreso (πρὸς ἄνδρας φίλους: "ante hombres que estimas") que Moro: *apud amicos*.

[14] Moro es aquí algo más explícito que Luciano (ἐμμέτρως ἐρραψῴδεις: "recitando versos"): *caneres... consarcinatis uersibus*, muy probabemente por una necesidad de reflejar el entero sentido implícito en el verbo griego; si bien es verdad que ῥαψῳδέω puede significar sin más "recite poems" (cf. *LSJ*, s.v.), su raíz se emparenta con ῥάψις, en cuyo significado el mencionado diccionario especifica "stitching together, ἐπῶν".

92

impregnado de tal modo de sus versos que vienen espontáneamente a mi boca. Pero dime[15], ¿cómo están los asuntos de los hombres[16] en la tierra y qué pasa en la ciudad[17]?

FIL.— Nada nuevo. Lo mismo que hacían antes: roban, violan juramentos, practican la usura, amontonan intereses.

MEN.— ¡Ah, desgraciados e infelices! No saben qué medidas sobre lo nuestro acaban de decidirse en los infiernos y qué decretos se han aprobado contra los ricos; decretos de los que, por Cerbero, no podrán escapar de ninguna forma.

FIL.— ¿Qué dices? ¿Que en los infiernos se ha decido algo nuevo sobre nosotros?

MEN.— ¡Por Júpiter, y mucho! Pero no es lícito hacerlo público ni revelar lo que es secreto, no vaya a ser que por casualidad alguien nos acuse de impiedad ante Radamante[18].

FIL.— ¡En absoluto, Menipo, por Júpiter!, no ocultes esa información a un amigo, ya que la darás a un hombre que sabe callar, y además iniciado en los misterios[19].

---

[15] Algunos editores del texto griego localizan aquí el inicio de 2.

[16] Traduce *res humanae*, siendo el adjetivo un significativo añadido de Moro.

[17] Pequeña variación entre el original griego (τί ποιοῦσιν οἱ ἐν τῇ πόλει;: "¿qué hacen los habitantes de la ciudad?") y la versión latina, que elige la pasiva impersonal, poniendo así el acento más en el proceso verbal mismo que en su sujeto (*quid nam in urbe* agitur?).

[18] En la mitología clásica, uno de los jueces de la muerte, hijo de Zeus y Europa, que destacaba por su prudencia y justicia. Cf. entre otros, Homero, *Il.* 14,322; *Od.*, 4,564; 7,323; Platón, *Grg.* 524a; Virgilio, *Aen.* 6,566.

[19] Probable alusión a los misterios eleusinos en los que a los iniciados se les prohibía contar lo que habían visto o hecho.

MEN.— Me mandas en verdad algo difícil y en absoluto seguro, pero me arriesgaré por tratarse de ti. Así pues, se ha decretado que los ricos y adinerados que, como a Dánae[20], guardan el oro encerrado…

FIL.— Amigo, no digas lo que se ha decretado antes de explicarme lo que con más gusto querría oírte: cuál fue el motivo de tu descenso, quién te guio por el camino, y después, y por orden, todo lo que has visto y oído allí. Pues es muy probable que, siendo tú un hombre tan deseoso de ver de cosas bellas, no omitas absolutamente nada de lo que has visto u oído y merece la pena.

3. MEN.— También en esto habrá que hacerte caso, pues ¿qué no harás si te urge un amigo? Pero primero te explicaré qué razón impulsó a mi ánimo a este descenso. Así, cuando era yo niño y oía a Homero y Hesíodo cantar guerras y sublevaciones no solo de los semidioses sino también de los dioses y, además, adulterios, situaciones violentas, rapiñas, torturas, destierros de padres, bodas entre hermanos y hermanas, ¡por Hércules![21]: consideraba todo eso bueno y hermoso y me impresionaba no poco por aquello. Pero después, cuando llegué a la edad de adulto, oía[22] una y otra vez

---

[20] Como en otras ocasiones, y en especial cuando se trata de nombres propios, Moro utiliza la forma correspondiente al acusativo de la declinación grecolatina (*Danaen*). Dánae era hija de Acrisio, rey de Argos, y de Eurídice; por un oráculo que predijo a Acrisio que el hijo de Dánae lo mataría, este mandó encerrarla, pero Zeus la dejó embarazada accediendo a ella por las rendijas del techo en forma de lluvia dorada. Cuando Dánae dio a luz a Perseo, ella y su hijo fueron depositados en un cofre y arrojados a la isla de Sérifos bajo la protección de Zeus.

[21] Exclamación añadida por Moro.

[22] Traduzco por un imperfecto el vivo presente histórico (*audio*) que utiliza Moro aquí y en diversos pasajes narrativos de los diálogos traducidos; Luciano se sirve de imperfectos morfológicos en este pasaje.

leyes que ordenaban hacer lo contrario de lo que contaban los poetas: que no había que cometer adulterio, ni promover sublevaciones, ni llevar a cabo robos. Y esto lógicamente me sumió en una profunda duda, sin saber en absoluto de qué forma comportarme. Pues jamás he pensado yo que los dioses habrían cometido adulterio o que promovieran revueltas entre ellos si no hubieran juzgado que todo esto era realmente bueno; y que, a su vez, los legisladores ordenarían cosas contrarias a estas, a menos que pensaran que eso era conveniente[23]. **4.** Y así, como estaba lleno de dudas, me pareció oportuno acudir a los filósofos esos, ponerme en sus manos y pedirles que hicieran de mí lo que les pareciera y me mostrasen algún modo de vida sencillo y seguro. Entonces, dando vueltas a estas cosas, voy[24] hasta ellos, sin darme cuenta para nada de que —como se dice—, pasaba del humo al fuego[25]. Observándolos con mucha atención, encontré en ellos una ignorancia suma y todo mucho más incierto, hasta el punto de que, comparada con la de ellos, la vida de los hombres de a pie me parecía una vida dorada[26].

---

[23] He escogido aquí una de las acepciones intransitivas del verbo —básicamente transitivo— en la construcción de infinitivo con sujeto en acusativo en que aparece (*id conducere*): cf. *OLD*, s.v. *conduco*, 6a: "intr. To be of advantage, be profitable or *expedient*" (destacado tipográfico mío).

[24] De nuevo usa Moro un presente (*uenio*) que contribuye a acercar al lector la acción que describe el proceso verbal y a hacer el relato más vívido.

[25] Cf. Otto (1962: 137), s.v. *flamma*; cf. también Amiano Marcelino, 14,11,12: *prorsus ire tendebat de fumo, ut prouerbium loquitur uetus, ad flammam* («en resumen: como dice un viejo proverbio, escapando del humo se metía en las llamas»). Con esta expresión se anuncia de manera muy plástica lo que será una crítica realmente cómica y fuerte de los filósofos.

[26] Hay cierta diferencia con el sentido del original griego, donde más bien parece que son los filósofos los que hacen ver a Menipo que la vida del vulgo era una vida muy buena.

En efecto, uno me incitó a dedicarme solo al placer y orientar toda mi vida a ese fin: que en eso residía la felicidad. Otro, por el contrario, a trabajar duro y someter mi cuerpo a la sed, a vigilias y a la suciedad, sentirme siempre desgraciado, siendo objeto de insultos; me repetía machaconamente aquellos célebres poemas de Hesíodo sobre la virtud y, por supuesto, sobre el sudor y el ascenso en pendiente a la cumbre del monte[27]. Otro me manda despreciar las riquezas y considerar indiferente su posesión. Otro más, al contrario, enseña que la riqueza es algo bueno. ¿Y qué decir sobre el universo? Sobre eso, les oía un día y otro hablar de ideas incorpóreas, sustancias, átomos, el vacío y toda una retahíla de palabras que luchaban unas contra otras[28]. Pero lo más absurdo de todos los absurdos fue que cada uno de ellos, al hablar de cosas contrarias, presentaba argumentos tan persuasivos e inapelables que yo, aunque veía claramente que una misma cosa nunca puede ser caliente y fría a la vez, no podía argumentar nada contra quien decía que algo podía ser caliente y frío al mismo tiempo. Y así, me pasaba algo parecido a lo que suele pasar cuando estás dormitando, que unas veces asentía con la cabeza y otras negaba. **5.** Además, lo que era más absurdo de todo en estos era que, al observar con atención su vida, descubrí que esta no se correspondía en absoluto con sus palabras y enseñanzas. Y así, quienes pensaban que se debía despreciar el dinero, vi yo que ansiaban amontonar riquezas, litigando

---

[27] Referencia a la obra de Hesíodo *Los Trabajos y los días*, vv. 289-292.

[28] Se da una vez más cierto desajuste con el sentido del original griego, donde se hace referencia a que esas retahílas de palabras llegaban a marear a Menipo.

96

por los intereses y enseñando por obtener un beneficio; en resumen, que eran capaces de soportar cualquier cosa con tal de conseguir dinero. Y quienes decían despreciar la fama, ponían toda la razón de su vida[29] en conseguirla; todos los que arremetían abiertamente contra el placer, a escondidas se entregaban con gusto[30] solo a él. **6.** Así las cosas, frustrado también en esa esperanza, me sentía aún con mayor desilusión y pesar. Sin embargo, me consolaba un poco a mí mismo porque siendo yo un ignorante y desconocedor de la verdad, me encontraba en medio de muchos hombres sabios y muy célebres. Finalmente, como no podía conciliar el sueño y le daba vueltas a estas cosas, me vino a la cabeza ir a Babilonia para encontrarme con algún mago de los discípulos y sucesores de Zoroastro[31], ya que había oído que ellos podían abrir las puertas de los infiernos[32] con algunos cantos y rituales misteriosos, y que podían llevar allí de modo seguro a quien lo deseara y traerlo de vuelta otra vez. Pensé, pues, que lo mejor que podía hacer era un trato con alguno

---

[29] La expresión que elige Moro (*omnem uitae suae rationem in gloriam referebant*) es más intensa que la del original griego (αὐτῆς ταύτης ἕνεκα πάντα ἐπιτηδεύοντας: "lo hacían todo por alcanzarla [*sc.* la gloria]").

[30] Traduce un añadido de Moro: *libenter.*

[31] Forma griega del iranio Zarathuštra. Hay dudas sobre el carácter real de este personaje, y tampoco está claro si fue el creador o el reformador de una nueva religión con elementos dualistas y monoteístas que fue la predominante en la antigua Persia. Los griegos debieron tener conocimiento de él en torno al s. v a. C.

[32] La decisión de Menipo de ir al mundo de las sombras para buscar respuestas claras en lugar de dirigirse hacia el cielo y la luz es ya en sí una parodia que de desarrollará a lo largo del diálogo. Con todo, este viaje va a dar ocasión a Luciano para mostrar una vez más la función de la muerte como niveladora de diferencias.

de estos para ir al inframundo y consultar al beocio Tiresias[33], y aprender directamente de él —puesto que era adivino y sabio— cuál es el mejor modo de vida, y el que realmente elegiría quien fuera muy juicioso[34]. Y al punto, saliendo lo más rápido que pude, me dirigí directamente a Babilonia. Cuando llego[35] allí, me entretengo un poco con uno de los caldeos, hombre ciertamente sabio y con artes milagrosas, realmente venerable[36], de cabello cano y larga barba. Su nombre era Mitrobarzanes[37]. Tras rogarle y suplicarle, a duras penas conseguí que, al precio que él dispusiera, **7.** me guiase en aquel viaje. Y finalmente, empezando con la luna nueva y durante veintinueve días, me llevaba muy de mañana a purificarme a orillas del Éufrates, mirando al oriente y musitando una larga retahíla de palabras que yo no oía con claridad. Pues —como suelen hacer los heraldos ineptos en una competición— profería palabras seguidas e incoherentes, excepto que parecía que invocaba a ciertos espíritus sagrados[38]. Después de ese conjuro y escupiéndome tres veces en la cara, me conducía de vuelta sin dirigir su mirada a ninguno de

---

[33] Posible eco de la recomendación que se le hace a Odiseo en la obra épica de Homero.

[34] Moro ha intensificado la expresión lucianea al añadir dos superlativos (*sapientissimus quisque potissimum elegerit*).

[35] Nuevo uso del presente histórico por parte de Moro, más frecuente en latín que en griego.

[36] En el original griego, este adjetivo se atribuye a "barba" (γένειον… σεμνòν).

[37] Se conoce el personaje de un general romano con este nombre, pero no se ha identificado con ningún caldeo. En *Utopía* (*CW* 4, 132/8) aparece el nombre de Barzanes atribuido a un gobernante.

[38] La palabra griega que Moro translitera (*daemones*) es δαίμονας; cf. *infra*, nota correspondiente a § 16.

los que se encontraba. Nuestra comida consistía en bellotas[39], y la bebida en leche mezclada con miel y agua del Coaspes[40]; el lecho era la hierba, al raso. Después de que ya estuviéramos suficientemente preparados con esta dieta, llevándome en medio del silencio[41] de la noche a orillas del río Tigris, me purificó, me frotó y me limpió de la cabeza a los pies con una antorcha, una escila[42] y otras cosas más, musitando a la vez un conjuro. Entonces me transformó ya por completo, y para que no me asustaran los espectros, daba vueltas alrededor de mí[43]; me llevó de vuelta a casa tal como estaba, y el resto de la noche nos preparamos para la travesía. **8.** Así, se puso un manto

---

[39] El texto de Luciano habla, en plural, de τὰ ἀκρόδρυα ("frutas, árboles frutales"), pero Moro utiliza *glandes*, plural de una palabra poco común (*glans*), paralela a su precedente griego βάλανος, y que en Catón, Cicerón, Virgilio o Plinio el Viejo significa lo traducido aquí —"bellota"— o, de manera más general, puede designar también el fruto de todos los árboles congéneres de la encina, como atestiguan también Lucrecio, Virgilio, Plinio o Justiniano. Un pasaje de este último autor puede darnos la clave de la aparente divergencia entre el texto griego y el latino: en su *Digesta* (50,16,236), Justiniano señala que *'glandis' appellatione omnis fructus continetur, ... exemplo Graeci sermonis, apud quos omnes arborum species* ἀκρόδρυα *appellantur* ("con el nombre de *glans* se engloba todo tipo de fruto, como en expresiones griegas, donde a todo tipo de fruto se le llama ἀκρόδρυα"). He preferido, con todo, ceñirme al significado latino primario de la palabra que utiliza Moro.

[40] Río de la región de Susiana, que pasa por la ciudad de Susa y es famoso por el buen gusto de su agua.

[41] Añadido de Moro (*medio noctis silentio*), quizá como eco de la expresión virgiliana: cf., p.e., *Aen.* 4,527 y 7,87 (*sub nocte silenti*), o *Aen.* 7,102-103 (*silenti / nocte*).

[42] Planta medicinal de familia de la liliáceas.

[43] Resulta patente la ridiculización de los ritos llevados a cabo para preparar a Menipo para el viaje. Es habitual que los descensos al Hades estén unidos a diversas prácticas rituales.

muy parecido al de los persas[44] y me vistió con lo que ves ahora: la maza[45], las pieles de león y además la lira. Me ordenó que si alguien me preguntaba mi nombre, no dijera que era Menipo, sino Hércules, Ulises[46] u Orfeo[47].

FIL.— ¿Y eso por qué, Menipo? No entiendo el motivo del atuendo ni del nombre.

MEN.— Pues es obvio y no tiene ningún misterio: pensó que si me daba un aspecto parecido a esos personajes que habían descendido vivos antes que nosotros, podría burlar fácilmente la vigilancia de Éaco[48], y que pasaría sin que nadie me lo impidiera, puesto que sería más familiar camuflado con ese aspecto de poeta trágico[49]. **9.** Y ya amanecía cuando, avanzando hacia el río, nos dedicamos a preparar la marcha. Había dispuesto la barca, las víctimas para el sacrificio, la leche mezclada con miel; en fin, todo lo necesario para el ritual. Después de colocar todo lo que se había preparado, entonces nosotros

---

[44] Manto lujoso con mangas.

[45] Como al inicio del diálogo, cuando se hace referencia al atuendo de Menipo, Moro ha sustituido el original πίλος ("sombrero de fieltro") por la *claua*. El disfraz es un motivo de raíces homéricas, usado aquí como mecanismo que garantiza la pérdida de la identidad; una pérdida —por otro lado— solo aparente, pero hasta cierto punto necesaria para asegurar la distancia que permita adoptar un punto de vista crítico al personaje narrador/autor.

[46] Personaje que, como se sabe, se corresponde con el Odiseo homérico.

[47] Estos personajes míticos habían ya bajado a los infiernos previamente.

[48] Junto con Radamante, ya citado, y Minos, uno de los tres jueces del Hades, si bien Homero no lo conoce; es Platón quien lo menciona primero: cf. p.e., *Ap.* 41a; *Grg.* 524a. Famoso por su piedad y su justicia, fue el fundador del clan guerrero de los Eácidas; Pelamón y Teleo se cuentan entre sus hijos.

[49] También en la comedia aristofánica de *Las Nubes*, Dioniso acude disfrazado al inframundo.

también *Marchamos tristes y derramamos espesas lágrimas*[50]. A continuación, nos dejamos llevar por la corriente del río un rato y después nos adentramos en el bosque y cierto lago en el que desemboca el Éufrates. Entonces, después de atravesarlo, llegamos a un lugar solitario, boscoso y sin sol en el que tras descender —Mitrobarzanes iba por delante—, cavamos un hoyo, degollamos ovejas y regamos con su sangre la fosa. Entretanto, el mago, cogiendo una antorcha encendida, no ya con un murmullo suave sino gritando con toda la potencia de su voz de la que era capaz, convoca a la vez a todos los espíritus: Tormentos, Erinias[51], *a la nocturna Hécate y a la terrible Proserpina*[52], y al tiempo mezcla algunos nombres extranjeros con muchas sílabas y desconocidos. **10.** E inmediatamente, todo comenzó a temblar, se abrieron grietas en el suelo por su encantamiento, y podías oír el ladrido de Cerbero; fue algo realmente triste y siniestro: *Orco*[53], *rey*

---

[50] Homero, *Od.* 11,4-5. Moro, que aquí escribe *ingredimur tristes lachrymisque implemur obortis*, habría podido adaptar el verso a partir del texto de Virgilio, *Aen.* 4,30, tras reproducir un desgarrado lamento de la reina Dido (*sic effata sinum lacrimis impleuit obortis*: "después de hablar así, inundó su seno con lágrimas que brotaban de sus ojos").

[51] Diosas violentas que los romanos identificaron con las Furias, análogas a las Parcas o Destinos y que van concibiéndose como las divinidades de los castigos infernales.

[52] Cita de Homero, *Il.* 9,569, etc. Moro ha sustituido Perséfone por Proserpina, diosa de los infiernos y compañera de Hades. En cuanto a Hécate, sin ser una diosa muy definida, ha ido adquiriendo un sentido más concreto, considerándosele la divinidad que preside la magia y los hechizos, ligada al mundo de las sombras.

[53] Como en otras ocasiones, el nombre de la divinidad griega (Ἀϊδωνεύς: "Edoneo") es sustituido por el correspondiente latino; Orco es, en la creencia popular y en la lengua familiar, el demonio de la muerte, mal diferenciado de los propios Infiernos.

de las sombras, sintió miedo en sus profundas moradas[54]. Y en seguida se hacían visibles muchas cosas del inframundo[55]: el lago[56], el Piriflegetonte[57] y el palacio de Plutón[58]. Entonces, descendiendo por aquel orificio, encontramos a Radamante[59], casi muerto de miedo. Cerbero ladraba de nuevo y se removía, pero nada más coger yo la lira y empezar a tocarla se quedó profundamente dormido por la melodía[60]. Entonces, tras llegar al lago, casi no podemos cruzarlo, pues la barca estaba llena y a rebosar de gemidos; en ella viajaban todos heridos: uno en la pierna, otro en la cabeza y otro más tenía otra parte herida, hasta tal punto que me parecía que realmente[61] venían

---

[54] En el original griego, el verso corresponde a Homero, *Il.* 20,61 ("se asustó, bajo la tierra, el señor de los muertos, Edoneo"). Quizá Moro —cuyo texto es concretamente *Vmbrarum at timuit rex imis sedibus Orcus*— o un editor posterior lo ha adaptado tomando quizá como referencia algunos versos de las *Geórgicas* de Virgilio, como 4,471-472 (*At cantu commotae Erebi de sedibus imis / umbrae ibant...*: "Entonces, conmovidas por su canto, de las profundas moradas del Erebo acudían las tenues sombras..."), o bien *georg.* 4,505 (*Quo fletu Manis, quae numina uoce moueret?*: "¿Con qué llanto conmovería a los Manes, con qué súplicas a otros dioses?").

[55] Añadido de Moro: *inferorum*.

[56] Se entiende que la referencia es a la infernal laguna Estigia.

[57] El Flegetonte es uno de los cinco ríos de los infiernos que se une al Cocito para formar el Aqueronte; el nombre de este río, que estaba relacionado para los griegos con el verbo πυρόω ("quemar"), lleva a pensar que se trataba de un río de fuego, y de ahí el nombre que a veces recibe: Piriflegetonte: "el Flegetonte del fuego". Cf. p.e., Homero, *Od.* 10,313. En su forma simple —Flegetonte— aparece, entre otros, en Virgilio, *Aen.* 6,265; 6,551, o Estacio, *Theb.* 4,55; 4,523.

[58] Sobrenombre ritual de Hades o dios de los Infiernos.

[59] Cf. nota correspondiente a este diálogo *supra*, § 2.

[60] La apropiación de la mítica actuación de Orfeo constituye una potente estrategia irónica.

[61] Moro añade el *certe* traducido aquí.

de una guerra. Pero el eximio Caronte, cuando vio mi piel de león, pensando que yo era Hércules, nos aceptó y nos llevó con gusto a través del río y, tras desembarcar, nos indicó el sendero. **11.** Como estábamos en medio de la oscuridad, Mitrobarzanes iba por delante, y yo me pego[62] a su espalda hasta que llegamos a cierto prado enorme cubierto de asfódelo, donde por todas partes nos rodean rechinando las sombras de los muertos. Avanzando un poco más lejos, llegamos al mismo tribunal de Minos; él estaba sentado en un trono muy alto y le asistían los Castigos, los Tormentos, los malos Espíritus y las Furias[63]. De otra parte llegaron muchos ordenados en fila y atados por una larga maroma. Se decía que eran adúlteros, lenones, fornicadores, asesinos, aduladores, delatores[64] y una caterva tal de gente que ha perpetrado[65] algo en la vida. Y aparte se acercaban los ricos y los usureros, pálidos, barrigudos y con achaques de gota; y cada uno

---

[62] Nuevo recurso al presente histórico para dotar a la narración de mayor vida y cercanía al lector.

[63] El texto griego habla concretamente de los Castigos, los Tormentos o Furias, las Erinias y los Alástores o Venganzas (Ποιναί καὶ Ἐρινύες καὶ Ἀλάστορες) —todos ellos deidades infernales menores—, mientras que el texto latino nombra, por este orden, a *Poenae, Tortores, mali Genii, Furiae.*

[64] Moro engrosa un tanto la enumeración que hace Luciano, que relaciona «recaudadores de impuestos, adúlteros, propietarios de burdeles, aduladores, delatores y toda aquella clase de gente…».

[65] En esta ocasión, Moro recoge la idea griega con el participio *patrantium*, que corresponde a un verbo menos concreto e intenso semánticamente que el griego; cf. *OLD*, s.v. *patro*, en su acepción no absoluta: «To carry through, bring to completion, accomplish». Luciano, por su parte, elige κυκώντων, participio de κυκάω ("agitar, alterar, revolver"; cf. *LSJ*, s.v., "stir", "mix"); con la variante posible "perpetrar" (y no solo "hacer, cometer") y su habitual connotación negativa en castellano intento recoger mejor la idea original y congruente del texto.

de ellos iba atado a una viga[66] de hierro de dos talentos de peso[67]. Mientras estábamos allí, observamos con atención lo que pasa y escuchamos lo que se dice. Les acusan unos oradores nuevos y sorprendentes.

FIL.— ¿Y quiénes eran[68] estos, por Júpiter?, pues no serás reacio a decírmelo.

MEN.— ¿Conoces esas sombras que proyectan nuestros cuerpos cuando estamos al sol?

FIL.— ¡Cómo no!

MEN.— Pues ellas son las que, nada más morir, nos acusan, dan testimonio y ofrecen pruebas de todo lo malo que hemos hecho durante nuestra vida, y desde luego que algunas parecen muy dignas de crédito, puesto que están siempre a nuestro lado y no se separan jamás de nuestros cuerpos. **12.** Así, Minos, examinando cuidadosamente a cada uno, los iba enviando al grupo de los impíos para que padeciesen los castigos dignos de sus fechorías. Se enciende especialmente contra esos cuyas riquezas y honores los habían llenado de orgullo y además casi esperaban que les rindiera pleitesía; él detestaba su soberbia y su vanagloria, porque no se habían acordado de que eran mortales y habían conseguido bienes mortales. Pero ahora, despojados de todas aquellas cosas —me refiero a las riquezas, el linaje, las prebendas—, permanecían en pie allí, desnudos y con la cabeza agachada, repasando

---

[66] El griego es más específico: nombra un instrumento de tortura (κόραξ: "cuervo, gancho, garfio") parecido a un gancho o collar que se podía fijar al cuello: cf. *LSJ*, s.v., II,3: "*instrument of torture*".

[67] Cada talento —medida de peso— equivalía aproximadamente a 30 kg. Como moneda, tenía el valor de 60 minas.

[68] En este caso, aunque Moro utiliza el presente, he preferido traducirlo por imperfecto para dar mayor congruencia temporal al diálogo.

toda esa felicidad humana como si fuera un sueño, hasta tal punto que yo, al ver esto, estaba más que encantado. Y si por casualidad reconocía a alguno, me acercaba y, al oído, le hacía recordar con calma[69] cómo había sido en vida y cuánto se henchía de satisfacción cuando muchos esperaban a la puerta de su casa por la mañana a que él saliera, y eran mientras empujados por sus criados y se les dejaba fuera; mas él, al salir finalmente a duras penas, envuelto en ropajes de púrpura, de oro o de diferentes colores, pensaba que les hacía felices y dichosos a los que le saludaban si les permitía que besaran su pecho o su mano derecha. Pero ellos, al oírme, lo tomaban a mal.

13. Minos, por su parte, emitió una vez un juicio favorable. En efecto, el tirano[70] Dionisio de Sicilia fue acusado de muchos y atroces crímenes por Dión y declarado culpable por el grave testimonio de los estoicos[71], cuando intervino Aristipo de Cirene[72] —pues las sombras

---

[69] Moro utiliza la expresión *in aurem silenter admonui*, algo que puede parecer una contradicción; sin embargo, si se acude al sustantivo del que procede el adverbio *silenter* —*silentium*—, este tiene entre sus acepciones una que hace referencia a obrar de manera sosegada (cf. *OLD*, s.v. *silentium*, 6: «Peaceful conditions, absence of fuss, tranquility»); de ahí mi traducción, que, por otro lado, recoge el sentido primario del original lucianeo: ἡσυχῇ (cf. *LSJ*, s.v.: «*stilly, quietly, softly, gently*»).

[70] Este término (*tyrannum*), añadido significativamente por Moro, no está en el texto griego. El personaje en cuestión fue un famoso déspota griego (ca. 430-367 a. C.) que gobernó Siracusa.

[71] Existe aquí una discordancia entre el texto griego y la interpretación de Moro que se debe prácticamente sin duda a la edición lucianea utilizada, tal como confirma su cotejo: Luciano señala que Dionisio fue acusado por su sombra (ὑπὸ τῆς σκιᾶς) con la ayuda de Dión, mientras que Moro lee στοᾶς ("pórtico o escuela de los estoicos").

[72] Aristipo había vivido en la corte de Dionisio II de Siracusa, conocido también como Dionisio el Joven (397-343 a. C.); entre los personajes ilustrados en su corte se encontraban Platón, Jenócrates, Espeusipo o Esquines.

infernales le guardan un gran respeto y su autoridad se tiene en mucho—, y cuando ya casi estaba encadenado a la Quimera[73], le libró del castigo, afirmando que él había ayudado a no pocos eruditos con su dinero. **14.** Entonces, bajando del tribunal, llegamos al lugar de los castigos. Allí, amigo mío, se podían oír y contemplar muchas cosas dignas de compasión, pues se podía[74] oír al mismo tiempo el sonido de los latigazos y los lamentos de hombres que se están quemando en las llamas; allí, ruedas de suplicio, tormentos, cadenas, Cerbero desgarra, la Quimera despedaza y son crucificados todos igualmente: presos, reyes, prefectos, pobres, mendigos, ricos[75], y todos se arrepentían entonces de sus fechorías. Y al mirarlos reconocí a algunos, que habían abandonado la vida hacía poco; estos se escondían llenos de vergüenza y se ocultaban a nuestra mirada, o si alguna vez nos miraban, lo hacían de una manera muy servil y miserable[76]; y ¿cómo de molestos y arrogantes piensas que habían sido antes en vida? Sin embargo, a los pobres se les concedía la remisión de la mitad de sus malas acciones y, cuando habían

---

[73] Animal fabuloso que responde a diversas descripciones: a veces se le asigna una parte trasera de serpiente, cabeza de león y busto de cabra o se le atribuyen varias cabezas, una de cabra y otra de león, y que despide fuego por la boca.

[74] Traduce el *licuit* añadido por Moro.

[75] La enumeración moreana presenta alguna discordancia leve en ordenación y en la realidad que designa el término latino *praefecti*, discordancia no exenta quizá de un doble sentido; el griego presenta en su lugar la palabra σατράπαι ("sátrapas").

[76] Luciano dice más bien «de forma muy servil y aduladora» (μάλα δουλοπρεπές τι καὶ κολακευτικόν), mientras que Moro sustituye esa actitud lisonjera por *abiecteque*; esta vez, creo que se adapta mejor esta acepción al juego con el doblete que aparece en la pregunta que sigue inmediatamente: "servil-miserable – molesto-arrogante".

tomado un descanso, volvían de nuevo al castigo. Pero vi también a aquellos de los que hablan los mitos: Ixión[77], Sísifo[78], el frigio Tántalo[79] seriamente castigado, el nacido de la tierra Titio[80], ¡enorme, dioses buenos!: extendido, ocupaba la extensión de un campo. **15.** Dejando atrás a estos, llegamos al campo Aquerusio donde encontramos a semidioses y heroínas y al resto de la multitud de muertos, ordenados según su pueblo y tribu: unos viejos y

[77] Tesalio, rey de los lapitas, que por haber engañado al padre de su mujer se hizo reo de perjurio y asesinato, un doble sacrilegio al que unió una traición más al propio Zeus; tras esto, su castigo se hizo ya inevitable: fue atado a una rueda encendida que giraba sin cesar, y como Ixión había bebido la ambrosía que confería la inmortalidad, su castigo duraría por siempre.

[78] Considerado como el más astuto de los mortales y el menos escrupuloso. Su historia abarca varios episodios en los que muestra esa astucia proverbial. Cuando reveló al dios-río Asopo que Zeus había raptado a su hija Egina, el padre de los dioses lo precipitó a los infiernos y, en la versión más conocida del castigo, lo condenó a arrastrar perpetuamente una roca hasta la cima de una pendiente, que caía al alcanzarla, con lo que Sísifo debía empezar de nuevo.

[79] Habitualmente considerado como hijo de Zeus y de Pluto. Autor de varios delitos no excesivamente importantes, lo que le valió el castigo de Zeus fue principalmente el haber revelado secretos divinos y probablemente haber dado a beber el néctar y la ambrosía divina a mortales invitados a sus banquetes. Aunque se conocen varias versiones de su castigo, la más extendida cuenta que fue condenado a padecer una sed y hambre eternas; así, aun estando sumergido en agua hasta el cuello, cuando trataba de beberla, el agua retrocedía, y aunque un árbol con frutos estaba por encima de su cabeza, si levantaba el brazo para coger alguno, la rama se ponía fuera de su alcance.

[80] Hijo de la Tierra, a quien Odiseo vio en el Hades cubierto por nueve acres de tierra mientras dos buitres le arrancaban sus vísceras, como castigo por haber abusado de Leto (cf. Homero, *Od.* 11, 576-581), aunque de nuevo, las versiones sobre su castigo varían de unas fuentes a otras.

ajados y —como dice Homero— fugaces[81]; otros jóvenes y en buen estado, sobre todo los egipcios, por la eficacia de su conservación cuando mueren. Pero no resultaba[82] fácil distinguir a unos de otros: hasta tal punto eran unos tan iguales a otros con sus huesos desnudos, que a no ser porque los observamos durante mucho tiempo, a duras penas los reconocimos. Realmente yacían hacinados, a oscuras y sin identificación, sin conservar absolutamente ninguna huella de su antigua belleza[83]. Y así, como muchas de esas figuras óseas estaban colocadas unas junto a otras, muy parecidas entre sí, lanzando una mirada terrible a través de las cuencas vacías de sus ojos y mostrando sus dientes descarnados, dudaba yo ciertamente por qué rasgo distinguiría a Tersites[84] del bello Nireo[85], o al mendigo Iro[86] del rey de los feacios[87], o al

---

[81] La expresión empleada por Homero en *Od.* 10,521 es νεκύων ἀμενηνὰ κάρηνα, cuyo adjetivo ἀμενηνός puede significar «débil, vacilante, fugaz, vacío»; Moro utiliza *euanidos*, que trato de traducir de la forma más englobadora posible.

[82] Aunque el texto moreano utiliza un pretérito perfecto, me ha parecido que en esta ocasión el imperfecto reflejaba mejor el aspecto iterativo del tiempo pasado.

[83] Varía un tanto la expresión lucianea (οὐδὲν ἔτι τῶν παρ᾽ ἡμῖν καλῶν φυλάττοντες: «sin conservar ninguna cosa que era bella [cuando estaban] entre nosotros») de la moreana (*nullumque seruantes amplius pristinae formae uestigium*).

[84] Soldado que participó en la guerra de Troya, célebre por su fealdad y cobardía.

[85] Uno de los líderes de la guerra de Troya y de los pretendientes de Helena de Troya, especialmente conocido por su belleza.

[86] Mendigo desvergonzado que aparece en *Odisea* 18, con quien luchará el propio Odiseo para divertimento de los pretendientes de Penélope a su regreso a Ítaca.

[87] Alcínoo, que ofrece a Odiseo hospitalidad en su isla y le proporciona una nave con que completar su viaje de regreso.

cocinero Pirrias[88] de Agamenón[89].[90]. En efecto, en ninguno permanecía ya signo alguno de su antigua identidad, sino que sus huesos eran iguales entre sí, incognoscibles, sin indicaciones escritas, para nadie ya jamás reconocibles.

16. Y así, al mirar estas cosas, me parecía que la vida de los hombres es muy semejante a un largo cortejo, en la que quien dirige y dispone las cosas es la Fortuna, asignando a cada uno de los que forman el cortejo diversos y variados vestidos: a uno, si se tercia, la Fortuna lo elige y le adorna con las insignias de la realeza, le pone la tiara, le proporciona guardias y le corona la cabeza con una diadema; a otro, en cambio, lo viste como esclavo. A este le da apariencia hermosa y a este otro, deforme y ridícula, pues el espectáculo —pienso— debe ser variado[91]. Y de hecho a menudo, en medio del cortejo cambia el vestido de algunos y no les permite seguir en el mismo sitio ni avanzar con el mismo atuendo con el que comenzaron a andar, sino que obligó a Creso[92] a cambiar su ropa y a vestirse con los vestidos de un esclavo y prisionero de guerra; y a Meandrio[93], que

---

[88] Nombre de un esclavo en una de las comedias de Menandro (ca. 342-ca. 292 a. C.), principal exponente de la Comedia Nueva griega.

[89] Estaba al frente del ejército griego en la guerra de Troya.

[90] Con estos contrastes, Luciano está subrayando de manera cómica la idea que ha introducido cuando Menipo decide hacer el viaje al Hades (cf. *supra*, § 6) y que ha ido ilustrando en diversos pasajes: el papel nivelador de las distinciones terrenas que tiene la muerte.

[91] Es este uno de los pasajes más próximos a la presentación de lo que se ha dado en llamar el gran teatro del mundo.

[92] Último rey de Lidia, célebre por su riqueza. Aparece en un relato ficticio de Heródoto (*Historias* 1,29-33), en el que el ateniense Solón le advierte de que la fuente de la felicidad reside más en la buena fortuna que en las riquezas.

[93] Según Heródoto (*Historias* 3,123, 142-143), Meandrio era el escriba del tirano Polícrates y gobernó Samos tras el asesinato de este.

antes caminaba entre los esclavos, lo viste a su vez como el tirano Polícrates[94] y le permite usar su ropa durante un tiempo, pero una vez que ha pasado el tiempo del cortejo, cada cual devuelve sus aderezos y dejando su vestido y su cuerpo, se convierte en lo que era antes, sin que se diferencie en nada de su vecino. Algunos, sin embargo, por su ignorancia[95], cuando la Fortuna reclama sus adornos, lo toman a mal y se enfadan, como si fueran privados de algunos bienes propios más que estar devolviendo los ajenos que han utilizado durante un tiempo. Creo que también has visto muchas veces en escena esos actores trágicos que —según exige la necesidad de la narración— pasan a ser unas veces Creontes[96], otras Príamos[97] o Agamenones[98]. Y el mismo que —si se tercia— poco antes ha imitado con gran dignidad el papel de Cécrope[99] o de Erecteo[100], poco después continúa bajo el papel de

<hr>

Aunque al principio buscó restablecer un modo democrático de gobierno, pronto cayó en la tiranía.

[94] Poderoso tirano de Samos entre 540 y 522 a. C.; su caída provocó un enorme impacto en el mundo griego.

[95] Tanto el término latino (*inscitia*) como el griego (ἀγνωμοσύνη) pueden albergar nociones de "inexperiencia, ignorancia, error, estupidez, terquedad, incapacidad", etc., tanto por su etimología compuesta como por los contextos y épocas en que aparecen.

[96] Creonte fue rey de Tebas tras el exilio de Edipo, como se narra en tragedias de Sófocles.

[97] Príamo, rey de Troya durante la guerra entre griegos y troyanos.

[98] Agamenón es el rey por excelencia, encargado en la *Ilíada* del mando supremo del ejército griego durante la guerra de Troya.

[99] Considerado el primer rey mítico del Ática, es mitad hombre y mitad serpiente; bajo su pacífico reinado se habrían dado los primeros pasos de la civilización en el Ática.

[100] Nombre del héroe ateniense al que se liga el nacimiento de esta ciudad.

esclavo si el poeta lo ordena. Pero cuando llega ya el final de la representación, cada cual se despoja de esas vestiduras, abandona a su personaje y, descendiendo de esas altas sandalias[101], deambula pobre y humilde, y no es ya más aquel Agamenón nacido de Atreo, ni Creonte hijo de Meneceo, sino que es como Polo[102], hijo del suniense Caricles, o como Sátiro[103], hijo de Teogitón de Maratón. Así son los asuntos humanos, según me pareció cuando lo vi.

17. FIL.— Dime, Menipo, esos que tienen magníficas y altas tumbas en la tierra, y columnas, imágenes e inscripciones, ¿no son de algún modo más honrados que los muertos comunes en los infiernos?

MEN.— Sin duda estás de broma, pues si hubieses visto a Mausolo[104] —me refiero a ese de Caria, famoso por su mausoleo— estoy seguro de que jamás habrías dejado de reír: con tanto desprecio[105] había sido arrojado a una fosa apartada, pasando desapercibido entre el resto de los muertos. El único beneficio que había obtenido de un monumento tan grande me parece que fue sufrir más al ser aplastado por tanto peso encima de él. Pues, amigo mío, cuando Éaco mide el lugar para cada uno, y le da como máximo no más de un pie, es necesario yacer ahí de buen grado y adaptarse a la medida del lugar. Pero

---

[101] Puede estar refiriéndose al coturno, calzado típico de los actores trágicos.

[102] Polo de Egina fue un actor trágico conocido del s. IV a. C.

[103] Actor que, según el testimonio de Plutarco (*Demóstenes* 7,1-2), ayudó a Demóstenes a mejorar su retórica.

[104] Rey de Caria entre el 377 y el 353 a. C., a quien se erigió un enorme sepulcro.

[105] Traduce *despectim*, adverbio no clásico; cf. Hoven (1994), s.v.: "avec mépris".

te habrías reído mucho más, creo, si hubieras visto a esos reyes nuestros y sátrapas entre los mendigos o vendiendo salazones o enseñando las primeras letras, urgidos por la necesidad, o cómo son insultados por los reproches de cualquiera que pasa y golpeados en la cara como los esclavos más indignos. De modo que cuando vi a Filipo de Macedonia[106], de verdad que no pude contenerme: me lo mostraron en un rincón reparando calzado para ganar dinero. Se podía ver además a otros muchos pidiendo limosna en las encrucijadas, como los Jerjes[107], Daríos[108] y Polícrates[109].

18. FIL.— Cuentas unas cosas sorprendentes sobre esos reyes, y casi increíbles. ¿Y qué hacen Sócrates y Diógenes[110] o algún otro sabio, si es que lo había?

MEN.— Sócrates estaba también allí y va rebatiendo a todos. Están con él Palamedes[111], Ulises y Néstor[112], y algún otro parlanchín muerto; tenía las piernas aún hinchadas y

---

[106] Rey de Macedonia desde el 359 a. C. hasta el 336 a. C. y padre de Alejandro Magno. Se abre una pequeña enumeración cómica de grandes personajes históricos con un gran poder.

[107] Rey del imperio Aqueménida, conocido también como Jerjes el Grande (ca. 519-465 a. C.).

[108] Tercer rey de la dinastía Aqueménida en Persia, que reinó entre en 522 y el 486 a. C.

[109] Cf. nota a este nombre *supra*, § 16.

[110] Filósofo griego (412-323 a. C.) y uno de los fundadores de la escuela cínica.

[111] Emparentado con Menelao, participa en los preliminares de la Guerra de Troya; aunque su historia se la desarrollado también independientemente de la épica griega, tiene ahí un importante papel, y varias de sus actuaciones tienen que ver con Ulises.

[112] Según la imagen que se proyecta de él en la *Ilíada* y en la *Odisea*, Néstor es el prototipo del anciano prudente; jugó un papel importante en la Guerra de Troya. Los tres nombres enumerados por Menipo comparten linaje, fama y tradición épica.

entumecidas por el veneno que había tomado. Pero el eximio Diógenes es vecino del asirio Sardanápalo[113] y del frigio Midas[114], y también, a la vez, de otros muchos hombres ricos; cuando los oye lamentarse al pensar en la magnitud de su antigua fortuna, se ríe y se regodea, y echándose boca arriba, canta altísimo, con voz muy molesta y desagradable que ahoga sus lamentos; y eso hasta el punto de que, enfadándose ellos, barajan la posibilidad de cambiar de sitio, incapaces de soportar a Diógenes.

19. FIL.— Ya es suficiente sobre eso; por lo demás, ¿cuál es el decreto que habías dicho al principio que se había sancionado contra los ricos?

MEN.— Haces bien en recordármelo, pues no sé cómo, aunque tenía la intención de hablarte de esto, me he alejado mucho del tema pensado. Así, mientras estaba por allí, los magistrados[115] convocaron una asamblea para tratar sobre las cosas que deberán ser para el bien común. Al ver que muchos corrían hacia el mismo lugar, me mezclé yo también con ellos y me convierto en uno de los que estaban en la asamblea. Se discutieron muchas otras cosas y, al final, el asunto de los ricos, contra los que se alegaron después muchas acusaciones —violencia, soberbia, arrogancia, injusticia—, y al final, levantándose uno de los líderes del pueblo[116], leyó este decreto:

---

[113] Probablemente, el último rey de Asiria, en el s. VII a. C.; suele retratársele como persona entregada a la autocomplacencia y al placer.

[114] Rey de Frigia y héroe de varias leyendas populares donde corre diversas fortunas; en este doblete, Luciano recuerda a dos personajes con la nota común de la realeza.

[115] El texto griego habla concretamente de "prítanes", que eran los miembros de la βουλή o asamblea deliberante.

[116] Moro utiliza la expresión *assurgens ex populo primas quidam*, mientras que Luciano se sirve del elocuente τισ τῶν δημαγωγῶν, que

Puesto que —dijo— los ricos perpetran muchos actos durante su vida robando, usando la violencia y mostrando desprecio hacia los pobres de todas las maneras, ha parecido a la asamblea y al pueblo que una vez muertos, sus cuerpos sufran los castigos con que son castigados los cuerpos de los demás malhechores; pero que sus almas vuelvan a la vida y se conviertan en asnos hasta que, en este estado, pasen doscientos cincuenta mil años, siempre encarnándose de asno en asno, transportando pesos y conducidos por pobres. Después de esto, que se les permita morir.

Leyó esta sentencia Calvario, hijo de Aridelo[117] de Mánica[118], de la tribu Estigia[119]. Y así, una vez leída esta ley, la aprobaron los principales[120], la plebe la votó, Proserpina se enfureció y Cerbero[121] ladró: así se ratifica lo que deciden los infiernos y se hace oficial. **21.** Eso era, pues, lo que sucedía en la asamblea. Entonces yo voy inmediatamente

puede tener un sentido similar al traducido, pero también puede referirse a la figura del demagogo o embaucador del pueblo.

[117] Adaptación moreana sobre el adjetivo *aridus*.

[118] Probable invención de Moro sobre la palabra *Manes*.

[119] Aparecen aquí una serie de nombres parlantes de gran comicidad, en los que hay algunas diferencias entre el original griego y la versión latina. Así, en el texto de Luciano se lee Κρανίων Σκεκετίωνος Νεκυσιεύς φυλῆς Ἀλιβαντίδος ("Cranio, hijo de Esqueletión del demo Difuntos y de la tribu Cadavérica").

[120] De manera similar a lo que sucedía un poco antes, Moro utiliza una palabra como *principes* —la misma palabra que usa en la *Utopía* para referirse al gobernante de cada provincia— mientras que Luciano emplea αἱ ἀρχαί ("los oficiales [al mando]").

[121] En Luciano aparece el nombre de Cerbero pero en el lugar de Proserpina se refiere a Brimón, divinidad infernal que representa el aspecto colérico y vengativo de las Furias; como consecuencia, se pierde el juego de palabras griego ἐνεβριμήσατο ἡ Βριμὼ, quizá traducible como "bramó Brimón".

a encontrarme con Tiresias, motivo por el que había ido allí, y contándole por orden mi historia, le supliqué que me dijera qué modo de vida pensaba que era el mejor. Y él, sonriendo —pues es un viejecito ciego, pálido, de voz débil—, me dijo: «Hijo mío, sé que el motivo de tu perplejidad procede de esos sabios que difícilmente piensan lo mismo que los otros sobre las mismas cosas, pero no es lícito que te hable de esto: Radamante lo ha prohibido». «De ningún modo, padrecito —objeté—; dímelo, por favor, y no me desprecies, que voy errante por la vida más ciego que tú».

Entonces, llevándome aparte, y conduciéndome lejos de los demás, me dijo, acercándoseme al oído: «La vida de los ciudadanos particulares y corrientes[122] —sentenció[123]— es la mejor y más juiciosa[124]. Así que, apartándote de esta consideración enormemente[125] vacía de los asuntos sublimes, deja de buscar siempre principios

---

[122] Idea que procede probablemente de Platón, *R.* 620c, donde Odiseo elige la vida de los ciudadanos particulares y de vida tranquila. Moro añade *priuatorumque*, probablemente como aclaración al conocido concepto griego —ἰδιώτης ("ciudadano particular")— que recoge *idiotarum*. Peterson (2020: 188) ve en la ligera desviación moreana un propósito de enfatizar el mensaje del texto original.

[123] Tanto en latín (*inquit, inquam, ait, aiunt*) como en griego (ἔφη, ἦ(ν)), es habitual que estos verbos que introducen una intervención se usen reiteradamente; a lo largo de los diálogos realizo algunas variaciones con distintos sinónimos para evitar la repetición, menos pesada en las lenguas clásicas que en castellano.

[124] Wegemer (2011: 67-68) subraya la importancia de esta respuesta y cómo Moro volverá sobre ella en obras posteriores. En el plano léxico, hay que señalar que Moro escoge *prudentissima* (*uita*) mientras que Luciano había escrito el rico σωφρονέστερος; trato de elegir una acepción compatible entre los dos términos.

[125] Traduce el añadido superlativo moreano *uanissima*.

y fines[126], y, escupiendo sobre esos silogismos taimados y considerando como tonterías todas las cosas de este tipo, ve tras este único fin en toda tu vida[127]: una vez puestas en orden tus cosas, sin preocupaciones ni anhelos por nada[128], pasa tu vida de la manera más alegre y risueña posible[129]». Después de decir esto, corrió del nuevo al prado de asfódelos[130].

22. Entonces yo —pues ahora era ya tarde— dije: «Venga, Mitrobarzanes, ¿por qué nos retrasamos y no volvemos de nuevo a la vida?». A esto él me contestó: «Ten confianza, querido Menipo, puesto que te voy a mostrar el sendero más fácil y sencillo». Y conduciéndome a una parte más sombría que la anterior y señalando con su mano lejos una luz poco clara y tenue que se filtraba por una rendija, dijo: «Aquel es el templo de Trofonio[131] y por allí se baja desde Beocia a los infiernos; sube por ahí

---

[126] Moro escribe *principia… ac fines*, que bien puede interpretarse como causas originales y finales; por otro lado, el autor inglés ha invertido —quizá llevado de la lógica temporal— el orden griego que lee τέλη καὶ ἀρχὰς.

[127] Existe un matiz de expresión algo distinto en la versión de Moro (*hoc solum* in tota uita *persequere*), ya que Luciano escribe τοῦτο μόνον ἐξ ἅπαντος θηράσῃ ("ocúpate de una sola cosa entre todas").

[128] Luciano redacta de una forma un tanto diferente esta idea, de modo que elige la expresión περὶ μηδὲν ἐσπουδακώς ("sin tomarte nada en serio"), donde Moro abunda algo más con *minime curiosus, nulla re sollicitus*.

[129] De manera similar a lo comentado en la nota anterior, frente a la idea más sobria de Luciano con la expresión γελῶν τὰ πολλὰ ("riéndote de la mayoría de las cosas"), Moro la amplía a través de *quam plurimum potes* hilaris *uitam* ridensque *traducas*.

[130] Cf. Homero, *Od.* 11,539, que Moro traduce en forma de prosa.

[131] Héroe de Lebadea, en Beocia, donde tenía un célebre oráculo. Tiene gran fama como arquitecto y se le atribuye la construcción de varios edificios famosos.

y en seguida estarás en Grecia». Así, contento por esas palabras y después de despedirme del mago, trepé, aunque con dificultad, por el estrecho pasaje, y me encontré, no sé cómo, en Lebadea[132].

Fin de la *Necromancia* o *Menipo*[133] de Luciano, traducido por Tomás Moro.

---

[132] Cf. nota anterior.

[133] Se invierte aquí el orden de la doble posibilidad del título del diálogo con respecto al que aparecía al inicio de este.

PHILOPSEVDÉS O *EL INCRÉDULO*[1] DE LUCIANO, TRADUCIDO POR TOMÁS MORO

[PERSONAJES: TIQUÍADES (TIQ.) – FILOCLES (FILOC.)]

1. TIQ.— ¿Puedes decirme, Filocles, qué es definitivamente lo que lleva a muchos al deseo de mentir, de forma que se contentan igual cuando ellos mismos no dicen nada razonable que cuando prestan especial interés en oír a quien cuenta cosas de ese tipo?

---

[1] Aunque el nombre parlante que da título a este diálogo bien puede traducirse por "El aficionado a las mentiras" o, con mayor intensidad aún, "El amante de las mentiras" —Luciano titula *ΦΙΛΟΨΕΥΔΗΣ Η ΑΠΙΣΤΩΝ*—, he preferido mantener el primer nombre original griego transliterado. En el volumen correspondiente a la traducción inglesa de la obra griega en la *Loeb Classical Library*, Harmon (1921) titula *The Lover of Lies*, or *The Doubter*, mientras que la versión inglesa realizada por Malsbary que aparece en Wegemer & Smith (eds.) (2020) —citado a partir de ahora como Malsbary (2020b)— titula *The Lover of Lies* or *The Skeptic*. Navarro (1988: 195), que encabeza su traducción de este diálogo con "*El aficionado a la mentira* o *El incrédulo*", anota brevemente que el adjetivo griego φιλο-ψευδής encaja realmente con el sentido de "quien siente pasión por lo falso" (τό ψεῦδος); al mismo tiempo, el problema estaría en entender lo falso como lo contrario a la verdad o como lo que no se ajusta a la realidad. Navarro (1988: 195) señala que "es evidente que los personajes del diálogo NO MIENTEN; su sinceridad está a prueba de bomba. En todo caso, se engañan a sí mismos, pero de buena fe. Su afición no es a lo falso, sino a lo *fantasioso*, a lo irreal". Sin entrar a valorar a fondo la opinión de Navarro, parece claro que este punto de vista conectaría con la realidad de cómo se había infiltrado en Grecia desde Oriente el gusto por lo fantasioso; a este respecto, cf. lo señalado en la Introducción general a este diálogo (§ 4.2.3).

FILOC.— Muchas razones hay, Tiquíades, que impulsan a algunos mortales a mentir porque ven que es útil para sus intereses.

TIQ.— "Eso no tiene nada que ver con el tema"[2] —como se dice—, ni tampoco yo te preguntaba por esos que mienten cuando lo reclama alguna necesidad[3]: estos realmente son dignos de disculpa, e incluso de alabanza la mayoría de ellos, como los que han engañado a sus enemigos o quienes se han servido de este remedio[4] para poder salvarse en alguna necesidad. Muchas veces obró así incluso Ulises para preservar su propia vida y conseguir[5] el regreso de sus compañeros[6]. Me refiero más bien,

---

[2] La expresión es proverbial y, en sentido literal, reza "nada con la epopeya" (οὐδὲν πρὸς ἔπος ταῦτα), algo que pronto pasó a tener el sentido que aquí muestra; una expresión equivalente en castellano podría ser "eso no viene a cuento".

[3] Lugar de interpretación algo ambigua; la palabra latina (*usus*) tiene un amplio campo semántico que incluye el concepto elegido aquí y otros diversos ("provecho, costumbre, experiencia", etc.: cf. *OLD*, s.v., 6, 7, 9, 11-13), pero si se atiende al original griego (τῆς χρείας) y, sobre todo, al contexto en que aquí aparece, es preferible entender la idea de "necesidad" (cf. *LSJ*, s.v. χρεία, 1 y nota correspondiente *supra*, a *Menippus*, § 2).

[4] Moro resulta aquí extremadamente fiel al original griego (τῷ τοιούτῳ φαρμάκῳ - *pharmaco*) puesto que no utiliza el propio término latino *medicamentum*, que sería el que podría traducirse con el mismo sentido de la palabra griega, ya que *pharmacus* no suele usarse con el significado que se le ha otorgado aquí.

[5] Veo conveniente entender que existe aquí un zeugma, de modo que un mismo verbo (*redimeret*) se aplique a dos miembros de la oración con un sentido un tanto diferente pero análogo, y que se adecúe a las exigencias semánticas de cada constituyente (*ut uitam suam, et sociorum reditum redimeret* [sc. *Vlysses*]). Otra opción es renunciar al zeugma a costa de perder cierto grado de propiedad en el significado del verbo: "para garantizar su propia vida y el regreso de sus compañeros".

[6] Cf. Homero, *Od.* 1,5, que Moro traduce en prosa. Como se sabe, Ulises destacaba por su astucia y su ocultamiento de la verdad.

excelente amigo, a esos que sin necesidad alguna ponen la propia mentira muy por delante de verdad[7], complaciéndose en eso mismo y reincidiendo en ello sin ninguna justificación adecuada; es, pues, de estos de quienes deseo saber por qué tipo de beneficio[8] actúan así.

2. FILOC.— ¿Has conocido ya en alguna parte a algunos así, en los que esté innato el placer de mentir?

TIQ.— Desde luego; hay muchos de esa clase.

FILOC.— ¿Y qué otro motivo hay para que mientan sino la insensatez[9], ya que prefieren lo peor en lugar de lo mejor?

TIQ.— Eso no es nada, pues yo podría mostrarte a muchos juiciosos en todo y de sabiduría admirable, pero que, no sé de qué forma, han sido atrapados por este vicio y se han convertido en entusiastas de la mentira[10]

---

[7] Traduce un término especialmente clave en este diálogo: se trata de ἡ ἀλήθεια que, en efecto, suele referirse a la verdad por antonomasia, pero también a la realidad no escondida, en oposición a la ficción o fantasía – mentira (τό ψεῦδος); cf. nota al título del diálogo y *LSJ*, s.v. ἀλήθεια, I.

[8] La palabra utilizada aquí por Moro es *commodum* —un término frecuente en la *Utopía*— que recoge el adjetivo griego ἀγαθός ("bueno, noble, recto, útil"); aunque no son dos términos equiparables en todos sus sentidos, sí comparten las ideas de "utilidad, conveniencia, ventaja", etc.: cf. *LSJ*, s.v. ἀγαθός, I, 1; I,4; II,3; *OLD*, s.v. *commodum*, 1-3.

[9] Moro emplea un correspondiente etimológico formalmente impecable —*dementia* ("locura, insensatez": cf. *OLD*, s.v., 1-2)— frente al concepto griego de ἄνοια, este con resonancias generalmente menos fuertes, pero algunas de ellas compatibles: "insensatez, necedad, estupidez"; cf. *LSJ*, s.v. ἄνοια.

[10] Traduce una palabra repetida por Moro —*mendacium*— cuyo significado preponderante es el que empleo aquí ("mentira, falsedad"), aunque es posible entenderla también en unas dimensiones algo más amplias y traducirla como "ficción, fábula"; la línea divisoria entre las realidades que denotan estas dos acepciones no siempre se ha tenido

hasta tal punto que ciertamente me irrita que tales varones, excelentes en todo lo demás, sin embargo se diviertan engañándose ellos mismos y a quienes le salen al paso. Pues conoces mejor que yo a esos hombres de antaño como Heródoto y Ctesias de Cnido[11], y a los que les precedieron —en fin, al propio Homero—, hombres célebres que también se servían de la mentira[12] en sus escritos para engañar no solo a aquellos que los oían en su tiempo, sino que el engaño se ha ido transmitiendo también hasta nosotros, conservado en versos y metros preciosos. Así, yo me sonrojo con frecuencia a cuenta de esos versos suyos cuando relatan la castración del Cielo[13], el encadenamiento de Prometeo[14], la rebelión de los Gigantes[15] y todo el panorama trágico del Hades; y de qué

____

clara, especialmente en ámbitos literarios; cf., de nuevo, la nota al título de la obra.

[11] Físico e historiador griego; junto con Heródoto, aparece en algunas alusiones literarias castigado por sus mentiras en el infierno.

[12] Recuérdese lo señalado anteriormente y en nota a § 1 sobre el sentido del término latino que traduce esta palabra (*mendacium*) que se inclina al de la mentira entendida más bien como "fabulación" (cf. *OLD*, s.v., 2: "a false impression or appearance, illusion, counterfeit").

[13] Moro cambia a la palabra *coeli* el nombre propio griego Urano (Οὐρανοῦ), personificación del Cielo, un dios que tuvo numerosa descendencia, entre la que se cuentan los seis Titanes fruto de su unión con Gea, la Tierra; esta, deseosa de no estar sometida a los caprichos de su marido pidió ayuda a sus hijos para que la protegieran de este y a ello se atrevió solo el más pequeño, que con una hoz llevó a cabo la acción a la que aquí se alude.

[14] Perteneciente a la familia de Zeus, y con la voluntad de favorecer a los mortales, llevó a cabo algún engaño al propio Zeus, quien lo condenó a estar encadenado con cables de acero en el Cáucaso mientras un águila devoraba su hígado, que se regeneraba continuamente.

[15] Nacidos de Tierra, que los ha engendrado para vengar a los Titanes encerrados por Zeus en el Tártaro, se alzaron contra los dioses sin conseguir la victoria.

forma Júpiter, por amor, se convirtió en toro o en cisne, o cómo alguien cambió de ser mujer a un ave o un oso. Además, todos esos Pegasos, Quimeras, Gorgonas, Cíclopes[16] y todos los personajes de ese tipo, historias realmente absurdas y monstruosas que pueden afectar a las mentes de los niños que aún tienen miedo de espectros y lamias[17]: aún así, quizá por ser poesía puede tolerarse. **3.**[18] Pero que ciudades y pueblos enteros cuenten mentiras en público y al unísono, ¿no es algo ridículo? Como cuando los cretenses no se avergüenzan de mostrar el sepulcro de Júpiter, o los atenienses cuentan que Erictonio[19] nació de la tierra y que los primeros hombres brotaron del suelo de Ática como legumbres. Con todo, esos son mucho más modestos que los tebanos, que cuentan que algunos

---

[16] Personajes míticos fabulosos. Aunque van a aparecer muchas alusiones de este tipo a lo largo del diálogo, solo aclararé de forma sintética las menos conocidas para evitar que la lectura del texto se vea excesivamente interrumpida; por otra parte, lo nuclear y común en la gran mayoría de estas alusiones es su carácter fabuloso que las hace inverosímiles —punto que se busca resaltar— y no tanto los detalles concretos del relato mítico en cada caso.

[17] Luciano se refiere concretamente a Mormó y Lamia (τὴν Μορμὼ καὶ τὴν Λάμιαν), nombres populares que se utilizaban para infundir miedo, y quizá formas genéricas de la diosa Hécate (cf. nota en *Menippus*, § 9); Moro, por su parte, utiliza *laruam adhuc lamiamque*; el último término aparece en Horacio o Apuleyo con nombre propio (Lamia) y designaba un monstruo parecido a un vampiro que se nombraba para provocar temor en los niños.

[18] La inserción de un punto y seguido en este lugar de la edición de Moro, junto con los dos puntos antes de la oración precedente, me ha hecho colocar aquí el inicio de la sección 3, aunque en el original griego dicha sección comienza precisamente en esa oración inmediatamente anterior.

[19] Héroe y uno de los primeros reyes de Atenas, supuesto hijo de la Tierra, aunque las tradiciones sobre su genealogía varían.

sembrados[20] surgieron de los dientes de un dragón; y si alguien cree que estas cosas no son ciertas porque son ridículas, y más bien al examinarlas con prudencia, considera que es propio de algún Corebo o de un Margites[21] dar crédito a relatos como el de que Triptólemo[22] fue llevado por el cielo a lomos de serpientes aladas, o que cierto Pan[23] vino a Arcadia a Maratón para prestar ayuda, o que Oritía[24] fue raptada por Bóreas, ese les parece que es un necio y un gran impío porque no cree en cosas tan evidentes y ciertas: hasta tal punto prevalece la mentira.

---

[20] He respetado la versión moreana, que escribe *qui ex serpentis dentibus* satiuos *quosdam progerminasse narrant*, aunque el original griego habla de que algunos, los llamados espartos, nacieron de los dientes de un dragón (ἐζ ὄφεως ὀδόντον Σπαρτούς τινα ἀναβεβλαστηκέναι); se trataba de unos guerreros nacidos de los dientes de un dragón a quien Cadmo dio muerte. De todos modos, σπαρτός proviene del verbo σπείρω, que significa "sembrar" (cf. *LSJ*, s.v. σπείρω, 1). Moro realiza, pues, una traducción más literal. Malsbary (2020b: *ad loc.*) entiende "certain men germinated *from the planted teeth* of a dragon", algo que tiene plena coherencia con el relato, pero que no respeta la construcción latina, en la que "dientes" forma parte de un sintagma preposicional en ablativo (ex *serpentis* dentibus) y "sembrados" es el núcleo de un sintagma nominal en acusativo (*satiuos quosdam*), sujeto del infinitivo *progerminasse*, en la conocida construcción completiva.

[21] A Corebo y Margites se les considera personajes prototípicos de la estupidez.

[22] En la mitología griega, sacerdote de la diosa Deméter e inventor de la agricultura, al tiempo que instaurador de las Tesmoforias o fiestas en honor de Deméter.

[23] Moro añade sobre el original griego —que solo presenta el nombre propio (Πᾶνα)— un modificador *quemdam*, que produce una construcción articulada con un sentido irónico. Pan era un dios de los pastores y rebaños, originario de Arcadia aunque su culto se expandió por toda Grecia y se generalizó fuera de ella.

[24] Hija de Erecteo, rey de Atenas; una alusión a su rapto por parte de Bóreas aparece, p.e., en Ovidio, *met.* 6,683-684.

124

4. FILOC.— Mas los poetas y las ciudades quizá merecen disculpa, Tiquíades, pues aquellos entremezclan en sus poemas lo entretenido del mito, que es lo más atractivo y de lo que más necesita el auditorio; y los atenienses, los tebanos y algunos otros proporcionan a su patria una aureola de grandeza con ficciones de este tipo. Pero si alguien quita a Grecia estas leyendas, nada impediría que sus narradores muriesen de hambre cuando ya no había ningún extranjero que quisiera oír la verdad ni gratis. Ahora bien, si alguien disfruta con la mentira sin ningún motivo de este tipo, ese me parece que se merece ser el hazmerreír de todos[25].

5. TIQ.— Llevas razón, pues precisamente vengo yo de casa del famoso Eúcrates, donde después de oír[26] muchos relatos increíbles y fabulosos[27] me marché de hecho en mitad de la conversación, incapaz de soportar un relato que superaba con mucho lo creíble; sin embargo[28], como si se tratara de algunas Furias, me echaron mientras referían muchas historias prodigiosas y absurdas.

---

[25] Moro estructura estas últimas oraciones con una construcción cuasi-temática, sirviéndose de una condicional para presentar el universo de discurso en cuyo marco lo que se dice a continuación tiene un sentido (cf. notas correspondientes en la Carta a Ruthall, §§ 1, 5 y Cabrillana, 1999).

[26] Trato de ser fiel a la construcción latina de *cum* histórico elegida por Moro y, al mismo tiempo, de no repetir formas de subordinación con expresiones monótonas.

[27] Este adjetivo no ha de entenderse solo con el sentido frecuente de algo "extraordinario" sino además —y más bien— con el de algo propio del relato escasamente verosímil.

[28] La oración que comienza con un *sed* latino —que recoge fielmente el ἀλλά griego— quizá tenga un sentido irónico, en especial proporcionado por esta conjunción adversativa: al tiempo que Tiquíades censura lo ridículo de lo que sus interlocutores han contado, él mismo recurre a la mención de unos personajes míticos.

FILOC.— Y sin embargo, Tiquíades, Eúcrates es un hombre serio y nadie creería de verdad que él, un sexagenario de poblada barba, y además muy versado en la filosofía, soportaría oír que alguien mintiera en su presencia ni siquiera en el caso de que él mismo se atreviera a hacer tal cosa.

TIQ.— Pero no sabes, amigo mío, qué cosas contaba: con qué firmeza les daba fe y, además, qué solemnemente juraba sobre tantas cosas, también cuando sus hijos fueron traídos a su presencia; hasta tal punto que, al mirarle yo, pensaba entre mí cosas muy variadas: que estaba loco y fuera de sus cabales, o bien que se me había escapado que era un impostor y que durante tiempo había estado llevando bajo su piel de león un ridículo simio: tan absurdas eran las cosas que narraba.

FILOC.— ¡Por los dioses lares, Tiquíades!, ¿cuáles son?, pues quiero saber qué tipo de impostura[29] se escondía bajo una barba tan poblada.

6. TIQ.— Solía ir a verlo algunas otras veces, Filocles, cuando tenía mucho tiempo libre. Pero hoy, como tenía necesidad de encontrarme con Leóntico (como sabes, es amigo mío) y al oír a su esclavo que él había ido de mañana a ver a Eúcrates para examinarle[30] porque estaba enfermo, me acerco[31] a su casa con doble intención:

---

[29] Traduce la palabra tardía *praestigiatura*; cf. Hoven (1994), s.v.: "A) imposture, tromperie (…). B) magie, sorcellerie"; ambas acepciones están constatadas en Moro.

[30] Moro utiliza el verbo *inspicio*, que tiende a tener el significado más intenso y concreto aquí propuesto y no tanto el más neutro de "encontrarse/estar con" que es una de las acepciones prioritarias del verbo συγγίνομαι, y que es el aparece en el original griego (cf. *LSJ*, s.v., 5).

[31] Como ya se ha hecho alusión previamente, Moro se sirve de algunos presentes históricos en esta narración con la muy probable intención de acercar al lector una situación de una manera más viva.

para encontrarme con Leóntico y ver a Eúcrates, pues ignoraba que estaba enfermo. Mas no encuentro ya allí a Leóntico —ya que se había marchado un poco antes según dijeron—, pero sí que hallo a otros reunidos, entre los cuales estaban el peripatético Cleódemo, el estoico Dinómaco e Ión: ¿lo conoces?; me refiero a ese[32] que espera una gran admiración por su discurso platónico, como si fuera el único que ha entendido correctamente el pensamiento del autor y que puede también explicar sus respuestas a los demás. Ves a qué varones te nombro, dotados de toda sabiduría y de toda virtud, cada uno de ellos exponente de cada escuela filosófica, y todos, por Hércules, dignos de respeto y de un porte que casi inspira temor. Estaba presente además el médico Antígono, al que se había llamado —pienso— por causa de la enfermedad de Eúcrates; de hecho, este parecía encontrarse mejor y la enfermedad semejaba ser de las habituales: el humor le había bajado a los pies[33]. Al verme, Eúcrates me indicó que me sentara en la cama a su lado, con una voz un poco débil y tranquila, aunque mientras entraba le había oído yo gritar y con una voz fuerte; de todos modos

---

[32] En el original griego se ve más claramente la estructura pragmática que se utiliza aquí y para la que algunos editores utilizan el paréntesis, con el propósito de añadir una mayor determinación de un elemento previamente aparecido (Ión), e incluso proporcionar un juicio por parte del hablante sobre ese participante; se trata de un tipo determinado de Apéndice (cf. Cabrillana, 2019).

[33] Esta alusión y los remedios que le prescribe el médico hacen pensar que se trata de la enfermedad de la gota. Moro recoge a través de (*h*)*umor* el término griego paralelo ῥεῦμα, que lógicamente suele presentar la traducción castellana de "reuma" en los textos lucianeos. Cf. *OLD*, s.v. *umor*, 2a: "A bodily fluid or discharge"; *LSJ*, s.v. ῥεῦμα, III: "Medic., *humour* or *discharge* from the body, *flux, rheum*".

me senté con cuidado de no tocarle los pies, mientras me excusaba con las palabras habituales: que no sabía que estuviera enfermo y que, en cuanto lo supe, había venido en seguida. **7.** La conversación que tenían era sobre la enfermedad y ya habían dicho cosas antes pero cada uno decía su remedio. Así, Cleódemo dijo «si alguien coge con su mano izquierda el diente de una comadreja[34] muerta como dije antes, la ata a una piel de león recién desollado y la pone alrededor de las piernas, el dolor cesa al instante». «No en una piel de león —apuntó Dinómaco—, según he oído, sino más bien de cierva joven virgen y aún no montada; y esto es más verosímil así, pues la cierva es veloz y tiene mucha fuerza en las patas, mientras que el león, aunque es fuerte, y su solidez, su zarpa derecha y los pelos que salen directamente de su melena tienen un gran poder también si alguien sabe cómo usarlos con el conjuro apropiado, sin embargo esas cosas sirven de poco para el cuidado de los pies». «También yo —intervino Cleódemo— hace tiempo pensaba eso de que debía usarse una piel de cierva, ya que la cierva es veloz, pero recientemente un libio, muy experto en este

---

[34] Luciano utiliza μυγαλῆς —traducible mejor por "musaraña" (cf. *LSJ*, s.v., 1: "shrew-mouse")— mientras que Moro escribe *mustella*, que, aunque puede referirse a cualquier cuadrúpedo de este tipo, significa también, y más específicamente, "comadreja" o "turón" (cf. *OLD*, s.v., 1: "weasel, polecat, or similar quadruped"). En todo caso, la diferencia es de matiz: el DRAE define 'musaraña', 1 como "pequeño mamífero insectívoro, semejante a un ratón, pero con el hocico largo y puntiagudo"; por su parte, la definición que ofrece para 'comadreja' es la siguiente: «Mamífero carnicero nocturno, de unos 25 cm de largo, cabeza pequeña, patas cortas y pelo de color pardo rojizo por el lomo y blanco por debajo, muy vivo y ligero, que se alimenta de huevos de aves, ratones, topos y otros animales pequeños».

tipo de cosas, me ha enseñado lo contrario, al hacerme ver que los leones son más rápidos que las ciervas: 'realmente —me dijo— si las persiguen, les dan caza'». Los que estaban presentes alababan la intervención al pensar que el libio llevaba razón.

8. Entonces pregunté yo: «¿Pensáis que con esos encantamientos se curan tales enfermedades? ¿O con remedios que vienen de fuera a pesar de que el mal azota por dentro?». Se rieron de mis palabras: condenaban claramente mi gran estupidez[35], yo que desconocía esas cosas tan evidentes y que nadie que esté en sus cabales niega que sean así. Sin embargo, me pareció que al médico Antígono realmente le complacía mi pregunta. Y es que no se le había hecho caso desde hacía tiempo —creo— cuando quería ayudar a Eúcrates con su ciencia médica[36], aconsejándole que se abstuviera del vino, que se alimentara de verduras y, en general, que disminuyera la tensión. Mientras tanto, Cleódemo, sonriendo, preguntó: «¿Qué dices, Tiquíades? ¿Te parece que es increíble que de cosas de este tipo se deriven remedios para las enfermedades?». «Ciertamente —afirmé— así me lo parece; a no ser que tenga mis narices tan taponadas de mocos[37] que crea que

---

[35] Moro utiliza ahora *amentia,* una variante morfológica de *dementia* igualmente impecable a la hora de recoger la palabra que vuelve a aparecer en el original griego (ἄνοια); cf. nota correspondiente *supra,* § 2.

[36] La palabra que recoge la traducción ofrecida aquí (*ars*) tiene un enorme y particular campo semántico, así como su paralela utilizada por el texto griego (τέχνη); el contexto aconseja este tipo de interpretación; entiendo la elección de la palabra latina por parte de Moro como muy acertada.

[37] Expresión utilizada otras veces por el propio Luciano o Platón, traducible también por "ser mocoso" (εἰ μὴ πάνυ τὴν ῥῖνα κορύζης μεστὸς εἴην); Moro, por su parte, lo expresa fielmente con la oración *nisi naribus adeo mucosis sim.*

las cosas que se aplican desde fuera y que nada tienen en común con lo que provoca la enfermedad, toman parte en lo que está dentro; actúan por medio de palabras y encantamientos —según decís—, y cuando se cuelgan del cuerpo, proporcionan la salud. Esto realmente jamás será posible, aunque alguien atara dieciséis comadrejas enteras a una piel de león de Nemea; en serio: he visto muchas veces a un león cojear de dolor a pesar de tener toda su propia piel entera».

9. «Eres un perfecto lego —repuso Dinómaco—, y nunca has puesto interés en aprender de qué forma remedios como estos luchan contra la enfermedad; y me parece que ni siquiera vas a aceptar los más conocidos, como por ejemplo los que erradican[38] las fiebres periódicas[39], o los encantamientos[40] de las serpientes y las curaciones de los tumores[41], y otras cosas que incluso las viejas ha-

---

[38] Moro recurre a una palabra tardía (*profligationes*) que se suele utilizar en contextos de combate de ideas contrarias a la fe (cf. Hoven, 1994, s.v.); el original griego se sirve de un término no muy común (ἀποπομπή: cf. *LSJ*, s.v., 1 ["sending away"]) pero susceptible de adquirir mayor propiedad, a través de su relación con el verbo ἀποπέμπω (cf. *LSJ*, s.v., 3: "Med. *get rid of*, τὸ ὕδωρ"); así, cf. *LSJ*, s.v. ἀποπομπή, 3: "*averting* an ill omen, etc.".

[39] Utilizo la expresión habitual para esta dolencia, aunque Moro desarrolla algo más la descripción del tipo de fiebre: *febrium uidelicet istarum profligationes,* quae certo quodam ambitu recurrunt.

[40] La palabra latina elegida —*demulsiones*— parece una variante compuesta *ex professo* y procedente del verbo *demulceo*, que en sentido figurado puede tener el significado que se adopta aquí (cf. *OLD*, *demulceo*, b: "transf. to have a soothing effect on, entrance"); la palabra griega, por su parte, solo está atestiguada en este lugar (cf. *LSJ*, s.v. κατάθελξις: "*enchantment*"); no deja de ser llamativa la habilidad de Moro para articular paralelos latinos de hápax griegos.

[41] De nuevo utiliza Moro una palabra que solo en época tardía aparece con este significado (cf. Hoven, 1994, s.v. *bubo*(*n*): "tumeur, bubon"); el griego utiliza la no muy frecuente βουβών, que puede, en efecto, significar "glándula hinchada": cf. *LSJ*, s.v. βουβών, 3.

cen. Y si se llevan a cabo todas esas cosas, ¿por qué no vas a pensar que también se hace lo otro con remedios semejantes?». «Estás exagerando, Dinómaco —objeté yo— y tratas de sacar un clavo con otro, como suele decirse[42]; ni siquiera está claro que lo que mencionas se consiga de ese modo. Por tanto, si no me convences primero con un argumento lógico de que puede suceder de modo natural que la fiebre o el tumor se asusten ante algún nombre divino o alguna expresión en lengua extranjera, y por eso este huye de la ingle, todo lo que has relatado son cuentos de viejas».

10. «Me parece que tú —dijo Dinómaco—, al expresarte así, ni siquiera crees en los dioses, puesto que piensas que no es posible que los remedios puedan llegar a las enfermedades a través de nombres sagrados». «No digas eso, buen hombre —repliqué yo—, pues nada impide que aun existiendo realmente los dioses, todas esas cosas sean, sin embargo, falsas. Yo rindo culto a los dioses y veo sus curaciones y los alivios que prestan a los que se encuentran enfermos, recuperándolos por medio de fármacos y la ciencia médica; así, el propio Esculapio[43] y sus sucesores curaban a los enfermos proporcionando medicinas sanadoras[44] y no ciñéndolos con leones o comadrejas».

11. «Déjale —aconsejó Ión—, que yo voy a contaros algo prodigioso: era yo todavía jovencito —tenía casi

---

[42] Esta expresión solía utilizarse con más frecuencia en contextos amorosos; cf. Otto (1962), s.v. *clavus*, 2.

[43] Héroe y dios de la Medicina; es el nombre romano del Asclepio griego.

[44] Cf. nota correspondiente en este diálogo, § 1. Moro se sirve de la expresión *salutaria pharmaca*, que recoge una expresión griega aparecida ya en Homero *Il.* 4,218: ἤπια φάρμακα ("benignos remedios").

catorce años—, cuando vino alguien a anunciarle a mi padre que Midas, un esclavo que trabajaba en la viña, fuerte también en otras labores y muy trabajador, yacía, mordido por una serpiente a la hora en que el mercado está lleno de gente[45], con una pierna ya completamente infectada. Mientras estaba atando los sarmientos y los iba entrelazando con las vallas, la pequeña bestia se le acercó reptando y le mordió el dedo gordo del pie; ella escapó en seguida y volvió a meterse en su madriguera, pero él gemía muerto de dolor. Cuando se nos estaba anunciando esto, vimos al propio Midas llevado a casa por sus compañeros de esclavitud en una litera: todo él hinchado, lívido y con apariencia de estar descomponiéndose, respirando ya con dificultad. Y como mi padre estaba muy preocupado, cierto amigo que casualmente estaba por allí, le dijo: '¡Ánimo! Voy a ir a traer ahora mismo a un babilonio de los caldeos —como los llaman— que curará a este hombre'. Y para no pasarme el día contándolo, llegó el babilonio y restableció a Midas: sacó el veneno de su cuerpo con cierta fórmula mágica y colgando de su pie una piedrecita que había arrancado de la estela de una doncella muerta. Y quizá esto sea algo corriente. Entonces, Midas, levantando él mismo la litera en que había sido trasladado, volvió al campo: tanto poder tuvo aquel encantamiento y aquella piedra de la estela.

12. Pero es que este babilonio hizo además claramente algunos otros prodigios. De modo que se fue temprano al campo y después de pronunciar algunas palabras sagradas de un viejo libro —siete nombres— y de purificar el lugar con azufre y una antorcha al tiempo que daba tres

---

[45] Es decir, a mediodía; expresión prácticamente acuñada ya en griego.

vueltas alrededor, hizo salir a todos los reptiles que había atraído y que estaban por aquellos lugares. Venían, pues, como arrastradas por el ensalmo, muchas serpientes, áspides, culebras, víboras cornudas, boas, ranas venenosas y sapos[46]. Quedaba no obstante un dragón[47] viejo que no era capaz de reptar —pienso—, por su vejez, y que no había oído la orden[48]. Pero el mago dijo: «No están todos»[49]. Entonces, envió al dragón a una de las serpientes que era la más joven, elegida como embajadora y, poco después, llegó también aquel. Y cuando ya estaban todos los reptiles reunidos, el babilonio sopló[50] sobre ellos; al

---

[46] En la relación que se hace aquí es difícil establecer matices; Moro transcribe del griego algunas de esas especies de nombres poco frecuentes como φρῦνοι o φύσαλοι (*phrynique, ac physali*).

[47] Moro utiliza la transcripción latina (*draco*) del correspondiente griego (δράκων), que puede también referirse a una serpiente fabulosa; el término "dragón" aparece recogido en el DRAE con el significado y descripción de reptil caracterizado por las expansiones de su piel que forman a los lados del abdomen una especie de alas que le ayudan a dar saltos. En todo caso, en el texto, el término en cuestión parece usarse claramente en su sentido mitológico.

[48] La estructura de la oración es la correspondiente a una oración presentativa, en la que el verbo (*relinquebatur*) adopta una posición inicial y se presenta un nuevo tópico de discurso indefinido (*unus draco*), que posteriormente es recogido, ya como elemento conocido, en forma de pronombre relativo (*qui…*). Es llamativo el parecido, entre otros muchos pasajes clásicos, con la expresión cesariana: *Relinquebatur una per Sequanos uia, qua…* («Quedaba una única ruta, a través de los secuanos, por donde […]», César, *Gall.* 1,9,1); cf. Baños & Cabrillana (2021: 920-922).

[49] Moro traspone a estilo directo lo que en el original griego aparece en estilo indirecto, quizá para dar mayor viveza al relato.

[50] Donde el texto griego presenta *enephýsēse* (ἐνεφύσησε), Moro ha elegido también una forma que reproduzca onomatopéyicamente la acción de soplar: *insibulauit*, forma del verbo tardío *insibulo*, correspondiente al clásico *insibilo*.

instante quedaron todos arrasados por su aliento, mientras nosotros mirábamos pasmados».

13. Entonces repuse yo: «Dime, Ión, esa serpiente embajadora —me refiero a la joven[51]— llevaba de la mano a la que era ya vieja (como dices) o se apoyaba ella en un bastón?». «Te estás burlando —repuso Cleódemo—, pero yo mismo, que en otro tiempo incluso creía en estas cosas menos de lo que tú crees ahora —pues pensaba que en modo alguno podían suceder como para darles crédito—, sin embargo la primera vez que vi volar a aquel viajero bárbaro (según decían era del país de los hiperbóreos[52]), lo creí y fui convencido a pesar de que me había opuesto durante mucho tiempo. Al verlo volar por el aire —y eso a la luz del día— y caminar sobre las aguas y cruzar por medio del fuego lentamente, ¿qué iba a hacer?». «¿Veías tú esas cosas —pregunté yo—: al hombre hiperbóreo volando o caminando sobre las aguas?». «Desde luego —respondió él—, calzado con cuero basto, que es el tipo de calzado que más usan los de allí. Y eso es algo insignificante, pues ¿qué contar de esas otras cosas que hacía: de qué forma hacía surgir pasiones amorosas, expulsaba espíritus, volvía a la vida a muertos marchitos, presentaba a la misma Hécate[53] a la vista de todos y hacía bajar a la Luna desde el cielo?

---

[51] Nuevo caso de Apéndice, esta vez parentético y solo aclaratorio, sin emisión de juicio por parte del hablante; cf. nota correspondiente en este diálogo, § 6 y Cabrillana (2019).

[52] Pueblo mítico muy septentrional —su significado etimológico es "más allá del Viento del Norte", lugar donde sopla el Bóreas— cuya leyenda está vinculada a Apolo.

[53] Cf. nota correspondiente en *Menippus*, § 9.

14. A propósito, os voy a contar lo que le vi hacer en casa de Glaucias, el hijo de Alexicles [54]. Tras haber recibido este Glaucias la herencia de su padre recién fallecido, se enamoró de Crisis[55], la hija de Deméneto[56], y me había tomado como preceptor en cuestiones de educación[57]; y si aquel amor no le hubiese apartado del estudio, habría aprendido toda la doctrina de los Peripatéticos, ya que cuando tenía dieciocho años había acabado la Analítica y había llegado al final de las lecciones de Física. Pero, vencido por aquel amor, me da a conocer todo el asunto. Y yo, como es lógico, puesto que era su preceptor, llevo a su presencia a aquel mago hiperbóreo, una vez pagadas a tocateja cuatro minas —pues debía hacer preparativos para algunos sacrificios— más otras dieciséis si conseguía hacerse con Crisis. Él, pues, esperando la luna creciente (es sobre todo entonces cuando los rituales sagrados se llevan a cabo), después de cavar una fosa en un lugar despejado de la casa, estando al raso y al filo de la medianoche, nos invocó primero a Alexicles, el padre de Glaucias, fallecido hacía siete meses. El viejo se encolerizaba por este enamoramiento y se indignaba, pero finalmente le

---

[54] En el original griego aparece Ἀλεξικλέους, que debería vertirse al latín como *Alexiclidis*; sin embargo, en el texto moreano se constata *Alexidis*, quizá por un error en la impresión de *-d-* por *-cl-*.

[55] Nombre de una cortesana en la *Andria* de Terencio, que actúa como personaje mudo de referencia.

[56] Nombre de un personaje paterno en la *Asinaria* de Plauto.

[57] Moro —con la elección del vocablo *disciplina*— se muestra aquí algo distinto y más restringido que el original griego, donde se utiliza el término *lógos* (λόγος), el cual, aunque de amplísima significación, puede designar una educación en cuestiones filosóficas (cf. *LSJ*, s.v., III, 2), como aconseja interpretar, sobre todo, el contexto posterior, pero también las posibilidades semánticas de *disciplina* (cf. *OLD*, s.v., 2).

permitió que siguiera adelante. A continuación hizo salir también a Hécate, que traía a Cerbero con ella, al tiempo que hizo bajar a la Luna, un espectáculo variopinto ya que se aparecía bajo distintas formas en distintos momentos: primero presentaba una apariencia femenina, después se convertía en una hermosa ternera y por último parecía un cachorro. Finalmente, el hiperbóreo, después de modelar en barro una figura de Cupido, le ordenó: «Vete y trae aquí a Crisis», y al punto la figura de barro echó a volar y poco después apareció ella llamando a la puerta. Entonces, entra y se abraza a Glaucias como quien está locamente enamorada, y se estuvo con él hasta que oímos a los gallos cantar. En ese momento, la luna subía al cielo, Hécate se sumergió en la tierra y los demás espíritus desaparecieron; al final, enviamos a Crisis a su casa cuando estaba a punto de amanecer.

15. Si hubieras presenciado estas cosas, Tiquíades, ya no dudarías más de que hay beneficios en estos encantamientos». «Tienes razón —contesté—; ciertamente yo los creería si los hubiera visto, pero ahora pienso que tenéis que disculparme si no soy capaz de ver claramente lo que vosotros veis. Por cierto que yo conozco a esa Crisis de la que habláis, una mujer fácil y meretriz[58] sin duda: de verdad que no veo para qué necesitasteis de un emisario de barro y un mago venido del Hiperbóreo, e incluso de la misma Luna, cuando por veinte dracmas hubierais podido enviarla incluso al país de los hiperbóreos. Esa mujer

---

[58] La forma de referirse a Crisis aquí es algo menos explícita en el texto griego (ἐραστὴν γυναῖκα καὶ πρόχειρον: "mujer enamoradiza y fácil / siempre a tiro"), mientras que Moro utiliza la clara expresión *mulierem plane* meretricem *ac facilem.*

se ofrece maravillosamente ante este encantamiento y le ocurre al contrario que a los espectros, pues si estos oyen el sonido del bronce o del hierro, huyen (eso mantenéis), pero ella, tan pronto suena un poco de dinero, acude rápidamente al tintineo. Además, me llama mucho la atención el propio mago, ya que aun pudiendo atraer el amor de las mujeres más ricas y recibir de ellas sus buenos talentos, sin embargo por tan solo cuatro minas, deseoso de hacerse con unas pocas perras, hizo a Glaucias dichoso en su amor». «Te comportas de manera ridícula —interrumpió Ión— al no creerte nada. **16.** Pues me gustaría preguntarte, ¿qué dirías sobre esos que liberan de sus terrores a las personas poseídas haciendo salir tan claramente a los malos espíritus[59] por medio de sus palabras? Y no hay necesidad de que yo confirme esto, pues todos conocen a aquel sirio de Palestina, experto en estas cosas: a cuántos mortales que caían al suelo al salir la luna con los ojos en blanco y la boca completamente llena de espuma ayudó; él los recuperó y los devolvió sanos a su casa liberándolos de sus terribles males, después de recibir un buen pago. En efecto, cuando se acercaba a los que yacían en el suelo y les preguntaba desde dónde habían entrado [los espíritus][60] en su cuerpo, aunque el enfermo callaba, el espíritu respondía (en lengua griega o extranjera, según de dónde fuese) cómo y desde dónde entró en aquel hombre. Entonces él, expulsaba al mal espíritu con un conjuro y

---

[59] La palabra latina es *daemones*, transliterada de la griega δαίμονα —ya utilizada con anterioridad: § 6—, que puede adoptar una traducción diferente de acuerdo con la época y el contexto; he optado aquí por una designación genérica (cf. *LSJ*, s.v. δαίμνων, II, 2).

[60] Suplo este sujeto, no presente léxicamente ni en el texto griego ni en el latino, para facilitar la claridad de la oración.

también amenazándolo si no obedecía. Yo mismo vi salir a cierto espíritu, bien negro, de color ahumado». «No era algo excepcional —repuse yo—, que tú vieras tales cosas, Ión: se te aparecen incluso las propias Ideas que Platón, el padre de vuestra familia, muestra, algo que apenas puede verse y que es como etéreo al menos para nosotros, hombres cortos de vista».

17. «¿Solo Ión ha visto este tipo de cosas —interrumpió Eúcrates— y no se han topado con espíritus otros muchos, unos de noche y otros también de día? Yo desde luego, no vi tales cosas una vez sola sino miles de veces, y al principio me asustaba ante ellas pero ya con la costumbre no me parece que vea nada nuevo o extraordinario, sobre todo desde que aquel árabe me dio un anillo de hierro hecho de una cruz[61] y me enseñó el conjuro formado por muchos nombres, por si es que tampoco te vas a fiar de mí, Tiquíades». «Mas, ¿cómo va a ser posible que no dé crédito a Eúcrates, hijo de Dinón —contesté—, un varón tan sabio y que cuenta libremente su parecer, con tal autoridad, en su propia casa?».

18. «Y con respecto a eso de la estatua —siguió Eúcrates— que se aparece a todos los que están en casa todas las noches (a niños, jóvenes y ancianos), eso, digo, lo podrías oír no solo de mí sino también de otros muchos de nosotros»[62]. «¿De qué estatua hablas?», pregunté yo. «¿No has visto al entrar —siguió él— una estatua colocada en el patio, bellísima, obra de Demetrio, que suele modelar

---

[61] El texto latino presenta singular (*cruce*) donde el original griego utiliza el plural.

[62] Como en otras ocasiones, cambio la modalidad —interrogativa en el texto latino pero no en el griego— para hacer más fácil la lectura del pasaje.

estatuas con forma humana?». «¿Te refieres —pregunté—
a esa que está arrojando un disco, inclinada como para
lanzar y que se gira hacia el lado que sostiene el disco, con
la otra pierna un poco doblada y que parece que se va a
poner recta al mismo tiempo que lanza?». «Esa no —repuso—; te estás refiriendo al Discóbolo, una de las obras
de Mirón. Tampoco la que está al lado; yo hablo de la
que tiene la cabeza ceñida con cintas[63], esa tan bella; pues
esa es obra de Policleto. Y deja a un lado las que están a
la derecha según se entra, entre las que se encuentran los
Tiranicidas[64], creaciones de Critias y Nesiotes[65]. ¿Es que
no has visto la que está junto a la fuente de agua, una
con cierta barriga, calva, semidesnuda, con algunos pelos
en la barba al viento[66], las venas hinchadas, pero muy
semejante a un hombre?: parece que representa al general
corintio Pélico".

19. «¡Por Júpiter! —dije—; vi a una a la derecha de
Saturno que tenía cintas y coronas secas, y hojas doradas
en el pecho». «Yo la mandé dorar cuando me curó de una
fiebre de tres días que me iba a matar», dijo Eúcrates.
«Entonces, ¿era también médico ese ilustre Pélico?», pregunté yo. «Lo es, y no te burles —repuso Eúcrates—, o
ese hombre te atacará dentro de no mucho, pues sé muy

---

[63] Traduce la palabra tardía *tenia/tena*, que está en el lugar de la
griega διάδημα; cf. Du Cange: http://ducange.enc.sorbonne.fr/TENA.

[64] Se refiere a las estatuas de Harmodio y Aristogitón —ambos del s.
VI a. C.—, asesinos de Hiparco de Atenas.

[65] Escultores atenienses del s. V a. C.; Nesiotes estaría activo probablemente al menos entre el 480 y el 470 a. C.

[66] Traduzco así por congruencia y fidelidad al texto griego, ya que
la palabra elegida aquí por Moro (*uulsus*: "depilado": cf. *OLD*, s.v. *uello*,
1) para el original (ἠνεμωμένου: "[movido] por el viento"; cf. *LSJ*, s.v.
ἠνεμόεις, 3) es algo cuestionable.

bien de qué es capaz esa estatua de la que te estás riendo. ¿Acaso no piensas que puede enviar fiebres a quienes quiera, cuando es capaz de quitarlas?». «Que me sea propicia y benévola —imploré— esa estatua, que tanto poder tiene[67]. ¿Y qué otra cosa le vieron hacer todos los que habitan en esta casa?»[68]. «Tan pronto como se hace de noche —respondió—, bajando esta del pedestal en el que ha estado apoyada, hace ronda por la casa entera: todos se la han encontrado, a veces incluso cantando, pero nunca ha hecho daño a nadie, pues basta con que te apartes. Ella pasa de largo, sin molestar a quienes la han visto, mientras a menudo se baña y juega durante toda la noche, de modo que se puede oír el ruido del agua». «Pero mira —repuse yo—, no vaya a ser que esta estatua no sea Pélico sino más bien Talos el cretense[69], que se piensa que pertenecía a Minos[70]. Pues aquel, también de bronce, era guardián de Creta; y si no hubiera sido hecho de

---

[67] En este caso, Moro no recoge un cierto tipo de juego de palabras presente en el original griego entre los términos que designan "estatua" (ἀνδριάς) y "valiente" (ἀνδρεῖος): Ἵλεως, ἦν, δ᾽ἐγὼ, ἔστω ὁ ἀνδριάς καὶ ἤπιος ὂυτως ἀνδρεῖος, traducible por "que nos sea propicia —dije yo— y benévola esta estatua de varón tan varonil".

[68] Es notable el tono de contenida ironía que sostiene Tiquíades de forma prolongada.

[69] Cf. Apolonio de Rodas, *Argonáuticas* 4,1638-88. Talos es esencialmente el guardián de Creta, elegido para esta misión por Minos —rey de Creta— o por Zeus; se trata de un personaje de leyenda que unas veces se considera humano y otras un autómata de bronce; en este segundo caso podría ser obra del dios Hefesto —que lo habría regalado a Minos—, o bien de Dédalo, el artista del rey. Podría ser también el último representante terreno de la raza de bronce.

[70] Dejo en la ambigüedad el sentido exacto de esta expresión, ya que Moro recoge un genitivo que muy probablemente sería de filiación en griego (ὁ τοῦ Μίνως) por un sintagma preposicional *apud Minoem*.

bronce sino de madera, nada impediría que fuera no una obra de Demetrio, sino que pareciera más bien un artilugio de Dédalo, pues, según dices, también ese abandona su pedestal»[71].

20. «Mira, Tiquíades —advirtió—, no te vayas a tener que arrepentir luego de estos chistes tuyos, pues sé yo qué le sucedió a quien robó los óbolos que le ofrecemos a la estatua cada luna nueva». «Realmente horrible debía ser —intervino Ión—, puesto que ese era un sacrílego. ¿Y cómo se vengó de él, Eúcrates? Pues ardo en deseos de oírlo, aunque este Tiquíades vaya a dudarlo muchísimo». «Muchos óbolos —respondió él— yacían a sus pies, y también otras monedas, algunas de plata pegadas con cera a sus piernas, así como láminas de plata: ofrendas de alguno o recompensa por la recuperación de alguien que se había curado cuando estaba aquejado por la fiebre. Pero[72] teníamos cierto esclavo, un libio infame, que cuidaba los caballos. Este se acercó por la noche para robar todo y lo cogió de hecho cuando vio que la estatua había bajado de su pedestal; mas en cuanto Pélico volvió y se dio cuenta del robo sacrílego que se le había perpetrado,

---

[71] Puede referirse a la impresión que daban las estatuas de Dédalo de que caminaban.

[72] Como se habrá observado ya, es frecuente la utilización de conjunciones o partículas adversativas por parte de Moro, siéndolo también en Luciano; ahora bien, el griego posee algunas partículas (e.gr., δέ) cuyo valor adversativo puede ser más débil o prácticamente inexistente, con la posibilidad, así, de desempeñar más bien una función claramente ilativa; esto resulta algo más difícil de plasmar en latín y en castellano sin utilizar de forma excesivamente repetitiva fórmulas y expresiones de las que se dispone cuando se usan elementos como *uero*, *at*, *nam*, etc., que además poseen una función diversificada. Se trata de un aspecto, con todo, muy matizable y objeto pendiente de mayor estudio; a este respecto, cf., p.e., Kroon (1995).

mira cómo se vengó y sacó a la luz el hurto del libio: el desgraciado se pasó toda la noche deambulando por al patio sin poder salir, como si hubiera entrado en un laberinto, hasta que al hacerse de día fue sorprendido con todo lo que había robado. Y entonces, apresado, recibió no pocos golpes y, no logrando sobrevivir mucho tiempo, murió el malvado de mala manera, al ser azotado, según decía, todas las noches: hasta tal punto que al día siguiente aparecían cardenales en su cuerpo. Ve ahora, Tiquíades, y después de lo que he contado, sigue riéndote de Pélico y pensando que yo, como si fuera coetáneo de Minos, no estoy en mis cabales». «Pero Eúcrates —repuse yo— mientras que el bronce sea bronce y esta obra sea de Demetrio de Alópece, que no acostumbraba a esculpir hombres sino dioses, jamás temeré a la estatua de Pélico, ya que no me atemorizaría ni siquiera si él mismo, aún en vida, me amenazase».

21. En este punto intervino el médico Antígono: «También yo, Eúcrates, tengo una estatua de bronce de Hipócrates de casi un codo[73] de altura que tan pronto como se apaga la lámpara, da vueltas alrededor de toda la casa, haciendo ruido y tirando mis frascos, mezclado medicamentos y haciendo abrir y cerrar las puertas[74], sobre todo si alguna vez retrasamos los sacrificios que le

---

[73] La altura de un codo corresponde a 45,72 cm.

[74] El texto griego tal y como lo manejó Moro ocasiona problemas; Thompson (1974: *ad loc.*) aconseja seguir la lectura de ediciones del texto griego más modernas en las que no aparecería el θύραν περιπτρέπων que lleva a Moro a elegir *ostia circumuertens* ("dando vueltas/haciendo girar las puertas" (?)), sino θυίαν (θυείαν), con lo que lo que Luciano quizá quería dar a entender era la idea de "haciendo volcar el mortero [*sc.* de las mezclas?]"; con todo, su expresión es oscura.

ofrecemos cada año». «¿Es que también el médico Hipócrates —intervine yo— exige que se le hagan ritos sagrados y se enfada si no se le agasaja en su momento con las
celebraciones de los sacrificios apropiados, él que debería
sin duda contentarse con que alguien hiciera una libación
en su honor o derramara vino mezclado con miel o coronara su cabeza?[75]».

22. «Escucha entonces —dijo Eúcrates— lo que ciertamente puedo probar incluso con testigos y que vi hace
cinco años. Era casi el tiempo de la cosecha y en torno al
mediodía, tras enviar a los operarios al campo para vendimiar, me adentré solo en el bosque mientras consideraba
y reflexionaba[76] sobre algún asunto. Cuando llegué a la
espesura, se oyó al principio un ladrido de perros. Yo me
imaginaba que se acercaba mi hijo Masón[77] con sus amigos para jugar y cazar, como solía hacer. Pero la cosa no
era en absoluto así, sino que un poco después se produjo
un terremoto y un sonido como de trueno y veo venir
hacia mí a una mujer de aspecto terrible, de casi medio
estadio de altura; tenía, pues, una antorcha en la mano
izquierda y en la derecha una espada de casi veinte codos. Y por debajo tenía pies como de serpiente mientras
que por arriba recordaba a una Gorgona —me refiero a
su rostro y a su mirada espeluznante—; tenía serpientes

---

[75] Era habitual que anualmente se hiciera un sacrificio a los difuntos, pero exigir más de eso se entendía como una pretensión de ser considerado al mismo nivel que un dios.

[76] Moro utiliza el participio de presente del verbo *considero* con una
grafía no clásica: *consyderans.* Esta grafía y otras de naturaleza similar se
repiten en algunas otras ocasiones.

[77] Como en otros lugares —especialmente en nombres propios—,
Moro se sirve de la declinación grecolatina para este acusativo: *Mnasona.*

por cabello y le rodeaban como bucles; unas se le enrollaban en el cuello y otras se le desparramaban también por los hombros. Mirad, amigos —dijo—, cómo me he estremecido incluso al contarlo». Y al tiempo que decía esto, Eúcrates mostró cómo todos los pelos de su brazo se habían erizado de miedo.

23. Y entonces Ión, Dinómaco y Cleódemo, a pesar de ser ancianos, escuchaban con avidez, boquiabiertos —como si les tirasen de la nariz— reverenciando a tan increíble Coloso junto a ellos: una mujer de medio estadio de altura, un Coco[78] gigantesco. Yo, mientras tanto, pensaba para mí qué clase de hombres eran aquellos que en el nombre de la sabiduría iban a una con la juventud y eran admirados por el vulgo, cuando en realidad se diferenciaban de los mismos niños solo en las canas y en la barba, mientras que en lo demás eran incluso más fácilmente proclives a creer cuentos que ellos.

24. Entonces Dinómaco preguntó: «Dime, Eúcrates, esos perros de la diosa, ¿de qué tamaño eran?». «Más grandes —contestó él— que los elefantes de la India, negros, erizados y con pelo sucio y desaliñado. Entonces yo, al verlos, me quedé quieto, y giré el sello del anillo (el que me había dado el árabe) hacia la parte interior del dedo. En aquel momento, Hécate, golpeando el suelo con sus pies de serpiente, hizo una grieta enorme, casi tan terriblemente grande como el Tártaro; un poco después desapareció dando un salto adentro. Yo, entonces, armándome de valor, me incliné estirando el cuello

---

[78] Moro translitera y adapta con *Mormolycium* la palabra griega μορμολύκειον, —a menudo abreviada en Μορμώ (cf. Teócrito 15,40)— que es equiparable a un duende, un espantajo, un espectro o nuestro familiar "Coco"; cf. nota a este diálogo, § 3.

144

y miré agarrándome a un árbol que había cerca para no caerme de cabeza por si me venía un mareo ante las tinieblas y el abismo; entonces vi todo cuanto hay en el inframundo: el Piriflegetonte, el lago[79], Cerbero, los espíritus de los muertos[80]: hasta pude reconocer a algunos de ellos; así, veía claramente a mi padre aún ceñido con lo mismo que le habíamos sepultado». «¿Qué hacían las almas, Eúcrates?», preguntó Ión. «¿Qué otra cosa —respondió— que, organizados por tribus y familias, entretenerse con sus amigos instalados en el prado de asfódelos?». «¡Que vengan a contradecir los epicúreos incluso ahora —exclamó Ión— al divino Platón y sus ideas sobre el alma! Pero ¿no veías tú entre las almas a Sócrates y al propio Platón?». «A Sócrates —respondió— lo vi, pero no con demasiada claridad, aunque lo supuse porque era calvo y barrigudo; a Platón, sin embargo, no lo reconocí —pues creo que a los amigos hay que decirles la verdad. Entonces, cuando lo había visto todo, la grieta se empezó a cerrar, y algunos de mis sirvientes que venían en mi busca —entre los que estaba Pirrias— llegaron arriba cuando la grieta no se había cerrado del todo; di, Pirrias, ¿no cuento la verdad?». «¡Por Júpiter![81] —exclamó Pirrias—, e incluso oí ladridos por la grieta y me parecía que brillaba fuego que procedía

---

[79] Para una aclaración de estas dos realidades, cf. nota correspondiente en *Menippus*, § 10.

[80] La palabra latina utilizada aquí —*manes*— tiene varias traducciones posibles; de acuerdo con el contexto —sobre todo posterior— y lo que aparece en el original griego, de designación más concreta (τοὺς νεκρούς: "los muertos"), la traducción elegida parece la más adecuada.

[81] Falta en el texto latino la expresión concreta de la afirmación —sí presente en el original griego en una cuasi-fórmula (νὴ Δί᾽: "sí, por Zeus")—, aunque bien puede sobrentenderse.

de una antorcha». Yo entonces me eché a reír cuando el testigo añadió la cantidad total de ladridos y de fuego.

25. En estas, Cleódemo dijo: «No son nuevas estas cosas ni has visto algo que no hayan visto otros, pues yo mismo no hace mucho, cuando estuve enfermo, vi algo semejante: me trataba y me atendía Antígono, aquí presente; y ya era el séptimo día. ¿Qué clase de fiebre era aquella? Ciertamente más fuerte que un incendio, pues todos me habíais dejado solo y estabais fuera mientras las puertas permanecían cerradas: así lo habías dispuesto, Antígono, a ver si de esa manera podía quedarme dormido. Y entonces, estando yo despierto, se me apareció cierto joven muy hermoso, revestido con una túnica blanca. Y tras hacerme levantar, me condujo por cierta grieta al inframundo: me di cuenta en seguida al ver a Tántalo, Titio y Sísifo[82]. Por lo demás, ¿qué podría contaros? Mas después de que llegué al tribunal —estaban presentes Éaco[83], Caronte, las Parcas y las Erinias[84]— uno con aspecto de rey (ciertamente, me parecía Plutón) tomó asiento al tiempo que revisaba los nombres de los que iban a morir, pues resultaba que ya había pasado el día prescrito para su vida. Entonces el joven, conduciéndome hasta él, me presentó; pero Plutón se encolerizó y le dijo a quien me guiaba: 'todavía no se le ha acabado

---

[82] Con respecto a estos personajes, cf. notas correspondientes en *Menippus*, § 14. Luciano menciona con cierta frecuencia a estos tres ilustres habitantes del Tártaro; todos comparten condenas a castigos tremendos.

[83] Cf. nota correspondiente en *Menippus*, § 8.

[84] Cf. notas correspondientes a las Erinias en *Menippus*, § 9. Las Parcas latinas son las divinidades del Destino, identificadas con las Moiras griegas. Se las representa como tres hermanas hilanderas que limitan a su antojo la vida de los hombres: una preside el nacimiento, otra el matrimonio y la tercera —quien corta el hilo— la muerte.

146

el hilo[85]. Que se vaya, pues. Pero tú tráeme al artesano[86] Demilo: ya está viviendo más de la cuenta[87]'. Entonces yo, feliz, regreso rápidamente; ya estaba curado de la fiebre, y anunciaba a todos que Demilo iba a morir. Vivía él cerca de nosotros y estaba un poco enfermo también, según se nos contó; un poco después[88], oímos el lamento de quienes le lloraban».

26. «¿Y qué tiene eso de raro?», preguntó Antígono. «Pues yo conozco a uno que resucitó después de llevar enterrado veinte días; yo mismo traté a ese hombre antes de que muriese y después de resucitar[89]». «¿Y de qué forma en veinte días —pregunté yo— no se corrompió su cuerpo ni se murió de hambre, a no ser que quizá trataste a un Epiménides[90]?».

---

[85] Cf. nota anterior.

[86] Traduce *faber*, que puede referirse a cierta variedad de oficios manuales; el original griego, por su parte, presenta τὸν χαλκέα Δημύλον, que suele referirse al herrero en su acepción no metafórica.

[87] Me inclino por traducir aquí de un modo más coloquial lo que literalmente sería: "puesto que ya vive más allá de su fin" (*iam siquidem ultra colum uiuit*); *colum* aparece con la acepción de "final" en latín renacentista (e.gr., en Christophorus Plantinus [ca. 1520-1589]), pero esta acepción es previa: cf. Hoven (1994), s.v. *colum*.

[88] Como en otras ocasiones, prescindo de la traducción de una conjunción copulativa (*ac*, *et*, *-que*, *atque*) para evitar una repetición que podría dar un tono algo cargado al texto; no hay que olvidar, sin embargo, el juicio de Jolidon (1980: 79) al respecto, esto es, que dichas conjunciones han podido ser añadidas por Moro con el propósito de otorgar un énfasis especial a un pasaje concreto.

[89] Moro utiliza unos términos cristianos (*resurrexisset – resurrexit*) presentes también en Luciano (ἀναστάντα – ἀνέστη; cf. *LSJ*, s.v ἀνίστημι, A, 3), en lugar del esperable concepto platónico equivalente pero procedente del verbo ἀναβιόω.

[90] Un famoso sacerdote cretense del s. VI a. C. que, según la leyenda, estuvo dormido cincuenta y siete años; cf. Diógenes Laercio, *Vidas de los filósofos ilustres* 1,109 ss.

27. Mientras hablábamos sobre estas cosas, precisamente llegaron los hijos de Eúcrates que volvían de la palestra. Uno había dejado ya atrás la edad de los efebos[91], pero el otro tenía unos quince años. Después[92] de saludarnos, se sentaron en el lecho junto a su padre y a mí se me trajo una silla. Entonces, Eúcrates, como si se acordase de algo al ver a sus hijos, sentenció: «Así pueda yo gozar de ellos —y en ese momento puso sus manos sobre sus cabezas— como que lo que te voy a contar, Tiquíades, es verdad. Todos saben cómo quería yo a mi mujer, de feliz memoria, y madre de estos, pues lo manifesté con lo que hice por ella no solo mientras vivía sino también una vez fallecida, ya que incineré en su pira su mundo y sus vestidos, todo que le gustaba en vida. Siete días después de su muerte estaba yo echado en este mismo lecho como ahora, tratando de consolarme por el dolor que sentía por ella. Leía yo en silencio el librito de Platón sobre el alma[93]; entra mientras tanto en la habitación Demeneta en persona y se sienta a mi lado, ahí como está ahora Eucrátides», dijo, señalando su hijo menor; al punto este tembló como lo hacen los niños y desde hacía un rato había palidecido al oír la historia. «Pero yo

---

[91] Originariamente, los efebos designaban a los varones que habían llegado a la pubertad, pero en el s. IV a. C., el término cobró en Atenas un sentido especial, de forma que durante la etapa en que se consideraba a un muchacho efebo —entre dieciocho y veinte años—, los ciudadanos se ejercitaban en el entrenamiento militar.

[92] Con respecto a la traducción de algunos adverbios temporales (*tum*, *tunc*, etc.) procedo de igual manera que he señalado más arriba (cf. nota correspondiente a este diálogo, § 25) sobre las conjunciones copulativas: prescindo de ellos si se repiten de forma que el texto podría quedar innecesariamente recargado.

[93] Este tema es tratado por Platón en su *Fedón*.

—continuó Eúcrates—, en cuanto la vi me abracé a ella mientras lloraba entre sollozos. Mas ella no permitió que siguiera lamentándome sino que me recriminó porque aunque le había agradado con todas las demás cosas, no había quemado en la pira una de sus sandalias doradas, que, según decía, aún faltaba, porque se había caído bajo el arca y por eso, al no encontrarla, habíamos quemado solo una. Y estábamos aún hablando cuando un cachorro de perro muy pícaro[94] que me encantaba y que estaba echado sobre la cama, se puso a ladrar y ella se esfumó al oír los ladridos. Efectivamente, se encontró la sandalia debajo del arca y después la quemamos.

28. ¿Aún te negarás a creer estas cosas, Tiquíades, cuando son tan evidentes y se aparecen todos los días?». «¡Por Júpiter! —exclamé yo—; si hay algunos que no crean estas cosas y que se resistan con tanta desvergüenza, esos merecerían que les pegara en las nalgas, como a los niños, con una sandalia de oro»[95].

29. Entretanto había entrado el pitagórico Arignoto, ese de cabellera larga, de aspecto venerable, ya sabes, el famoso por su conocimiento y al que se le conoce por

---

[94] Traduce *scelestissimus*, que en contexto cómico puede tener la acepción aquí elegida (cf. *OLD*, s.v. *scelestus*, 2b y, p.e., Plauto, *Most.* 170); Luciano, sin embargo, elige el más fuerte κατάρατος ("maldito, abominable, execrable"; cf. *LSJ*, s.v.: "accursed, abominable"). Mi opción responde a hacer el texto más acorde con una de las variaciones —quizá para humanizar la escena como propone Malsbary (2020b: *ad loc.*)— que ha introducido Moro al añadir *qui mihi in delitiis erat* refiriéndose al cachorro y omitir el nombre propio griego Μελιταῖον, además de sustituir la ubicación del perro de modo significativo: no lo coloca bajo la cama sino sobre ella.

[95] La ironía que subyace a esta intervención de Tiquíades es realmente notable, dado el conjunto de lo que se expresa en el diálogo.

el nombre de "el santo". Y entonces yo, en cuanto lo vi, respiré aliviado pensando para mí que había llegado uno que sería —como se suele decir con el refrán[96]— "una segur contra las mentiras". Este hombre sabio —me decía yo— les cerrará la boca a los que cuentan cuentos tan monstruosos; y de verdad que, como dice el adagio popular, pensaba que de repente se me había enviado un dios por parte de la Fortuna[97]. Este después tomó asiento —Cleódemo se levantó y le cedió un sitio—, le preguntó primero sobre su enfermedad y decía que había oído que Eúcrates ya se encontraba mejor. «¿Y sobre qué filosofabais? —preguntó—, pues mientras entraba os oí un poco y ciertamente me pareció que conversabais sobre algo agradable». «¿Sobre qué otra cosa —dijo Eúcrates—, que sobre cómo convencer (y me señalaba a mí) a este hombre duro como el diamante de que crea que existen algunos espíritus sagrados[98] y fantasmas y almas de muertos que deambulan por la tierra y que se muestran a quienes quieren?». Yo me ruboricé y bajé la cabeza por respeto hacia Arignoto. Pero él dijo: «Mira, Eúcrates, ¿está Tiquíades diciendo realmente eso? Solo andan errantes las almas de quienes murieron violentamente, como la del que se ha ahorcado o se le ha cortado la cabeza, o ha sido crucificado, o ha dejado la vida de un modo parecido; pero esas que la han dejado de un modo natural, en absoluto andan errantes. Así pues, si quiere decir eso, no ha

---

[96] Añadido de Moro.

[97] Muy probable alusión a la convención y recurso dramático del *deus ex machina*: intervención repentina de un dios al que se hace aparecer en la escena por medio de un mecanismo de grúas para solucionar el problema planteado en la trama.

[98] Cf. nota correspondiente en *Menippus*, § 7.

dicho nada realmente absurdo». «¡Por Júpiter! —exclamó Dinómaco—: él no piensa que estas cosas existan ni que puedan verse aun estando presentes»[99].

30. «¿Qué dices? —exclamó Arignoto[100] mirándome con aire amenazador[101]—; ¿te parece que nada de esto sucede a pesar de que todo el mundo (por decirlo así) lo ve?». «Me perdonarás —respondí yo— si no lo creo, pues soy el único que no lo ve, porque si lo viera, sin duda lo creería, como hacéis vosotros». «Pues bien —dijo él—, si alguna vez vas a Corinto[102], pregunta dónde está la casa de Eubátides, y cuando te lo hayan indicado —está cerca del Cranion[103]—, entra en ella y di al portero Tibio que querrías ver de dónde expulsó el pitagórico Arignoto aquel espíritu infernal una vez que lo hizo salir, volviendo después a hacer habitable la casa».

31. «¿Qué ocurría, Arignoto?», preguntó Eúcrates. «No se podía vivir en ella desde hacía tiempo —respondió

---

[99] Pasaje un tanto oscuro o más bien ambiguo; Moro recoge el original griego con la expresión *nec praesentia cerni putat*, que podría entenderse como se muestra en la traducción elegida, o bien —atendiendo a otra posibilidad de *praesentia*—, como «ni que puedan verse aun estando sólidamente constituidas»; ambas posibilidades parecen poder darse también en el original griego (οὐδὲ συνεστῶτα ὁρᾶσθαι οἴεται).

[100] El original latino coloca aquí el signo del final de la interrogación, pero lógicamente este ha de adelantarse a donde aparece.

[101] Moro elige la forma adverbial no clásica formada a partir del adjetivo *toruus* (*torue*), que tiene el significado que se utiliza aquí. Luciano se sirve del adverbio δριμύ, que puede tener matices semánticos algo diferentes: «De forma implacable, intensa, brusca», etc. Estos dos últimos valores se constatan en Luciano, de acuerdo con los datos que aporta el *LSJ*, s.v. δριμύς.

[102] En esta ciudad vivieron Menipo y Diógenes, célebres filósofos cínicos.

[103] Nombre de una colina situada en las cercanías de la ciudad de Corinto.

aquel— a causa de los espectros[104]; y si alguien la habitaba, al punto salía huyendo, expulsado por algún espectro horripilante y terrible. Se estaba derrumbando ya y el techo se había desplomado, y no había absolutamente nadie que se atreviera a entrar en ella. Pues yo, después de oír estas cosas, cogiendo mis libros (tengo muchos, egipcios sobre todo, que tratan sobre tales asuntos) llegué a la casa a eso de la primera vigilia[105], a pesar de que mi anfitrión intentaba disuadirme y casi detenerme después de enterarse a dónde me dirigía yo: según pensaba él, a un final seguro. Pero yo, tras coger una linterna, entro solo, y colocando la luz en un enorme atrio, me puse a leer en silencio sentado en el suelo. En estas aparece aquel espíritu —pensando que venía ante uno cualquiera y que iba a aterrorizarme como hacía con otros—, sucio, desgreñado y más negro que las tinieblas. Y estando allí, se me acerca a saltos tratando de atacarme por si de alguna manera podía hacerlo, y adoptaba la forma bien de un perro, de un toro o de un león. Mas yo, tomando en mi mano mi ensalmo más terrorífico y haciendo a la vez que mi voz sonara en lengua egipcia, lo arrinconé con mis encantamientos en una esquina de la oscura habitación. Al darme cuenta de dónde se había parapetado bajo tierra, lo dejé ahí plantado. Y por la mañana, cuando todos se habían levantado pensando que me encontrarían muerto como a los anteriores, me presento ante Eubátides sin

---

[104] Mientras que Luciano elige un término de significado más abstracto (ὑπὸ δειμάτων: "a causa del miedo, terror"; cf. *LSJ*, s.v. δεῖμα: "fear"), Moro parece referirse más bien a la causa que provocaría ese miedo: cf. *OLD*, s.v. *terricula*: «An object of terror, bogy».

[105] Aproximadamente entre las seis de la tarde y las nueve de la noche en el mundo romano.

que nadie lo esperase y le anuncio felizmente que podía vivir en su casa, ya limpia y liberada de espíritus. Así, en su compañía y en la de otros muchos —pues nos seguían por lo inesperado del suceso—, tras conducirlos al lugar donde había visto yo que el espectro se había enterrado, les pedí que cogieran azadones y palas, y se pusieran a cavar. Después de hacerlo, casi a un paso de profundidad se encontró un cadáver descompuesto, que solo tenía de apariencia humana el esqueleto. Así pues, lo sacamos y dimos sepultura, y después de esto la casa dejó de ser molestada por acontecimientos prodigiosos».

32. Una vez que contó estas cosas Arignoto —hombre de sabiduría prodigiosa[106] y respetado por todos— no había ninguno de los allí presentes que no condenara mi gran locura[107] por no creer tales cosas a pesar de que las contara Arignoto. Yo, no obstante, sin dejarme arredrar por su larga cabellera ni por la opinión que tenían de él, le dije: «¿Qué es esto, Arignoto? ¿también tú, en

---

[106] Como observa Malsbary (2020b: *ad loc.*), este adjetivo se encuentra añadido por Moro (*uir* prodigiosa *sapientia*) quizá con una intencionalidad humorística —muy probablemente por la vía irónica—, y recogiendo a su vez la palabra que ha utilizado poco antes al referirse a que la casa ya no iba a ser molestada por *prodigiis*, que he traducido por "acontecimientos prodigiosos". Luciano escribe que Arignoto era un varón "extraordinario, genial" en lo referente a su sabiduría (ἀνήρ δαιμόνιος τὴν σοφίαν), mientras que para referirse a los "acontecimientos prodigiosos" mencionados más arriba elige φάσμα, término variante de φαντάσμα ("apariciones, visiones": cf. *LSJ*, s.v. φάσμα, 1: "apparition, phantom").

[107] Aunque la palabra que elige Moro en esta ocasión —*insania*— podría entenderse también como "insensatez", creo que esta vez el autor inglés va más lejos que cuando prefería utilizar calcos etimológicos del griego ἄνοια, como *amentia* o *dementia* (cf. notas de este diálogo, §§ 2, 8); mientras Luciano vuelve a elegir ἄνοια, la significación principal y más frecuente de *insania* es, en efecto, "locura": cf. *OLD*, s.v. *insania*, 1: "unsoundness of mind, dementia, madness, delusion".

quien únicamente tenía mi esperanza, estás lleno de humo y de visiones? Contigo nos ha pasado lo que se suele decir, que "cuando esperábamos un tesoro nos hemos encontrado carbón"[108]». «Pero tú —intervino Arignoto—, si no me crees a mí cuando relato estas cosas ni a Dinómaco ni a este Cleódemo ni al propio Eúcrates, dime pues, ¿a quién consideras más digno de crédito en estas cuestiones que diga lo contrario que nosotros?». «¡Por Júpiter! —repuse yo—, a un hombre absolutamente admirable, el célebre Demócrito de Abdera, quien estaba tan firmemente persuadido de que nada de ese tipo puede darse según es la naturaleza de las cosas, que se encerró en una tumba a las fueras de la ciudad, y allí pasaba el día y la noche escribiendo y pensando; y algunos jóvenes, queriendo burlarse y asustarlo, se vestían de negro como los cadáveres, en la cabeza se ponían máscaras que los simulaban, y daban vueltas a su alrededor, saltando una vez y otra. Pero este ni se asustaba ante sus engaños ni siquiera los miraba, sino que mientras escribía, les espetó: "Dejad de hacer tonterías": con tanta firmeza creía que las almas no son nada tras haber salido del cuerpo». «Dices entonces —replicó Eúcrates— que ese Demócrito era un insensato si realmente pensaba así.

33. Pero yo os voy a contar también otra cosa que me pasó a mí en persona, no algo que haya oído de otro;

---

[108] Luciano recoge una expresión que puede verse p.e., en el *Timeo* platónico (ἄνθρακες ὁ θησαυρὸς πέφηνεν: "el tesoro se ha convertido en carbón") de una forma muy similar (ἄνθρακες ἡμῖν ὁ θησαυρὸς πέφηνας). Moro, por su parte, escribe la fórmula bien construida también rítmica y fónicamente —*ut thesaurum quum sperauimus, carbones offenderimus*—, que he preferido traducir en su forma literal; algo similar se encuentra, p.e., en Fedro 5,6,6: *carbonem, ut aiunt, pro thesauro inuenimus.* Cf. Otto (1962), s.v. *carbo*, 2.

quizá incluso tú, Tiquíades, cuando lo oigas te verás forzado a rendirte, obligado por la propia verdad del relato. Cuando, aún adolescente, pasaba yo un tiempo en Egipto —enviado allí por mi padre para completar mis estudios—, deseaba ir en barco hasta Copto y desde allí llegar a Memnón para escuchar aquel sonido extraordinario que produce al salir el sol[109]. Pues lo oí, y no de la manera habitual, como otros que escuchan un sonido sin sentido[110], sino que el propio Memnón, abriendo su boca, me reveló su oráculo en siete versos; si no fuese superfluo, os recitaría esos mismos versos.

34. Mas en medio de la navegación resultó que viajaba a la vez que nosotros cierto varón de Menfis, uno de esos escribas sagrados, de sabiduría admirable, y que conocía perfectamente toda la cultura de los egipcios. Se decía que había permanecido veintitrés años en cámaras sagradas subterráneas, instruido por Isis[111] en el arte de la magia». «Te refieres a Pancrates, mi maestro —intervino Arignoto—, un santo varón, de cabeza rapada, vestido de

---

[109] Alusión al lugar donde se encuentran los colosos de Memnón, dos estatuas sedentes probablemente de Amenhotep III, en la orilla oeste del Nilo. Algunas tradiciones han entendido que Memnón —rey mítico de Etiopía e hijo de la Aurora (Eos) y de Titono— estaría ligado a estas estatuas y se ha imaginado que cuando los primeros rayos de la Aurora tocaban la estatua, salía de ella una música melodiosa, como muestra del saludo de Memnón a su madre.

[110] Moro eligie *inanis*, término que habitualmente remite a "vacío"; sin embargo, en este contexto, parece más acorde la acepción elegida, compatible además con lo que recoge el original griego ἄσημος. (cf. *LSJ*, s.v. ἄσημος, II): "of sacrifices, oracles and the like *unintelligible*".

[111] En el panteón egipcio, Isis es la esposa de Osiris y la madre del dios-sol Horo. Aunque es una diosa egipcia, sus mitos se difundieron por el mundo grecorromano desde los comienzos de nuestra era.

lino, docto, que habla griego muy bien[112], alto, chato, de labios prominentes y piernas delgadas». «Ese mismo Pancrates —dijo el otro—, pero al principio yo no sabía quién era. Mas cuando vi que él, cuando atracábamos en algún puerto, hacía muchos prodigios —montar sobre cocodrilos, estar[113] con fieras, e incluso que aquellas lo saludaban moviendo su cola—, me di cuenta de que era un hombre sagrado; y poco a poco, a través del trato con él, me adentré en su amistad y en la confidencia con él, hasta tal punto que me reveló todos sus secretos. Y finalmente me convence de que deje en Menfis a todos mis sirvientes y de que le acompañe solo, pues no nos faltaría quien nos asistiera. Y desde ese momento, pasamos así la vida.

35. Cuando llegábamos a una posada, el hombre, tras coger el mazo de un mortero o una escofina[114] o el pomo de una puerta, lo recubría con trapos al tiempo que recitaba sobre este algún ensalmo y hacía que anduviera, de forma que a todos les parecía que era una persona. Aquello se alejaba y traía agua y preparaba la cena, nos servía y nos asistía, y en todo nos obedecía y nos atendía oportunamente. Al final, después de que sus servicios habían terminado, recitaba otro ensalmo, y hacía que la escofina volviera a ser escofina, y el pomo[115], pomo. Aunque yo

---

[112] El texto griego suele presentar aquí una negación (οὐ καθαρῶς ἑλληνίζοντα), pero esta no aparece en la edición que utilizó Moro (καθαρῶς ἑλληνίζοντα).

[113] Thompson (1974: *ad loc.*) propone traducir el más general *uersantem* que aparece aquí por "nadar".

[114] El griego presenta κόρηθρον ("escoba": cf. *LSJ*, s.v.: "broom"), pero Moro utiliza *scobina*, y de ahí la diferente traducción; según el DRAE, se trataría de una herramienta a modo de lima, de dientes gruesos y triangulares, muy usada para desbastar.

[115] Se produce aquí una escasa variación: mientras Luciano utiliza ὕπερον ("mazo de mortero, mano de almirez", pero también el más

lo intentaba vivamente, no lograba sonsacarle la manera de hacerlo; me miraba con recelo, aunque en otras cosas era muy complaciente. Mas un día, escondiéndome en cierta esquina oscura donde no podía verme, le escuché, al estar más cerca, el encantamiento: era una palabra de tres sílabas. Entonces él, después de mandar al mazo lo que había que preparar, se fue al mercado.

36. Pero yo, al día siguiente, mientras él estaba ocupado en el mercado, cogí el mazo, lo envolví, y pronunciando de la misma manera las tres sílabas, le mandé que trajese agua. Entonces, después de haber traído un ánfora llena de agua, le ordené: "Déjalo ya, no traigas más agua y vuelve a ser mazo". Pero no quería seguir obedeciéndome, sino que traía agua continuamente; hasta que con tanto traerla, se nos inundó toda la casa. Yo entonces, como no era capaz de parar aquello, y temía que al volver Pancrates —como efectivamente sucedió—, se enfadara, cojo un hacha y parto en dos partes el mazo. Pero cada parte tomó un ánfora y traía agua, así que en lugar de un sirviente, comencé a tener dos. Entretanto volvió Pancrates y comprendiendo la situación, los convirtió de nuevo en maderos, como eran antes del conjuro. Y él, dejándome sin que yo me diera cuenta, se marchó a no sé qué lugar secretamente». «¿Y eres capaz aún ahora —preguntó Dinómaco— de hacer de un mazo un hombre?». «Por Júpiter que sé hacerlo —contestó el otro—, pero solo a medias, pues nunca puedo volverlo a su forma primitiva una vez que ha comenzado a ser aguador, y nos dejaría la casa llena de agua».

---

general "*anything shaped like a pestle*" [cf. *LSJ*, s.v., II, 1]), Moro emplea *pessulum* (cf. *OLD*, s.v. *pessulus*: "the bolt of a door").

37. «¿No dejaréis —intervine yo— de contar cosas grotescas como estas, siendo ya unos ancianos? Al menos dejad para otro momento esos cuentos increíbles y horrendos en atención a estos muchachos, no vaya a ser que, sin daros cuenta, se llenen de temores y fabulaciones[116] grotescas. Pues conviene evitárselo para que no se acostumbren a oír cosas tales que, acompañándoles durante toda su vida, los van a trastornar y los volverán miedosos ante cualquier ruido porque se les ha llenado de todo tipo de supersticiones».

38. «Has hecho bien en advertirme —intervino Eúcrates— cuando has hablado de superstición. Pues, ¿qué opinas, Tiquíades, de ese tipo de cosas? Me refiero a los oráculos y las profecías, y los que proclaman inspirados por alguna divinidad o lo que se oye desde los lugares sagrados; también me refiero a las cosas futuras que una virgen predice hablando en verso; seguramente tampoco crees en tales cosas. Mas no te voy a decir yo que tengo un anillo sagrado con un sello que representa la imagen de Apolo Pitio[117], y que este Apolo habla conmigo, no vaya a ser que te parezca que cuento cosas increíbles para vanagloriarme. No obstante, lo que escuché en Malo[118], en presencia de Anfíloco[119], durante una larga conversa-

---

[116] Traduce la palabra tardía *fabulamentum*; cf. Hoven (1994), s.v.: "fable, invention".

[117] Alusión al oráculo de Apolo en Delfos, el más célebre de los oráculos en Grecia. Entre quienes servían allí se encontraba la Pitia, una mujer que permanecía casta toda su vida como sacerdotisa y que debía ser de comportamiento irreprochable. Apolo Pitio era considerado como la máxima divinidad oracular de Delfos.

[118] Ciudad de Cilicia.

[119] Se refiere seguramente a Anfíloco el Joven, fundador de la Argos de Etolia y de la ciudad de Malo en Cilicia; habría ejercido también como adivino.

ción que el héroe tuvo conmigo aconsejándome sobre mis asuntos de parte del dios, y lo que yo mismo vi allí, eso sí que os lo quiero contar; a continuación, lo que vi en Pérgamo y lo que oí en Pátara[120]. Así, cuando volvía de Egipto a mi casa y oí sobre aquella clarísima profecía en Malo que además era muy veraz y que ofrecía oráculos de modo que respondía con ellos a los asuntos que se le hacían llegar al profeta escritos por cualquiera en una tablilla, pensé que actuaría correctamente si, mientras navegaba cerca de allí, preguntaba al oráculo y le consultaba al dios algo sobre el futuro».

39. Estaba aún Eúcrates diciendo esto cuando vi lo lejos que nos iba a llevar el asunto y que no sería breve el drama sobre el oráculo que había empezado; pensando además en procurar no ser el único que contradijera a todos, lo dejé cuando aún estaba navegando desde Egipto hacia Malo. Me parecía también que les molestaba mi presencia ya que estaba en desacuerdo y refutaba sus mentiras. «Me voy a buscar a Leóntico —dije—, que necesito tratar algo con él. Pero vosotros, como pensáis que no os bastan las historias de los hombres, llamad también a los mismos dioses para que os ayuden con estas historias». Al tiempo que decía esto, me marchaba. Y ellos, contentos por haber recobrado ya su libertad, como es comprensible, seguían su festín ofreciéndose manjares y hartándose de mentiras. ¡Oh, Filocles! Después de oír tales cosas en casa de Eúcrates, vengo, por Júpiter, con el vientre hinchado y con necesidad de vomitar, lo mismo que los que han bebido mosto. Con gusto compraría a gran precio alguna medicina que me hiciera olvidar lo

---

[120] Ciudad de la Licia meridional; cf. Heródoto 1,182.

que he oído, para que ninguna de esas cosas se instale en mi memoria y me produzca molestias: de verdad que me parece ver monstruos, espíritus y Hécates.

40. FILOC.— También a mí, oh Tiquíades, me ha hecho ese efecto esta historia tuya: pues dicen que no solo se ven atacados por la rabia y huyen del agua quienes han sido mordidos por perros con rabia, sino que si algún hombre al que han mordido muerde a su vez a otro, esa mordedura no tendrá menos poder que la del perro y que ese otro temerá lo mismo. Y así, puesto que tú mismo has sido mordido por muchas mentiras en casa de Eúcrates, parece que me has transmitido a mí también esa mordedura: hasta ese punto me has llenado de espíritus la mente.

TIQ.— Pero animémonos, amigo mío, puesto que tenemos un gran remedio contra esas cosas: la recta verdad y la razón en todo; si las utilizamos, no nos veremos turbados por ninguna vana y estúpida mentira de esta clase.

Fin del *Philopsevdés*[121] o *El incrédulo* de Luciano, traducido por Tomás Moro.

---

[121] En realidad, esta palabra aparece aquí escrita como *PHILOPSEV-DVS*, mientras que en el encabezamiento Moro escribía —en transliteración del griego— *PHILOPSEVDÉS*. No es descartable un intento de latinizar el nombre griego haciéndolo similar a la mayoría de los nominativos de la segunda declinación latina.

160

DECLAMATIO EN FAVOR DEL TIRANICIDA DE LUCIANO, TRADUCIDA POR TOMÁS MORO

Argumento de la *declamatio*

Cierto hombre subió a la ciudadela para matar al tirano, pero a él no lo encontró, sino que, tras asesinar a su hijo, le dejó la espada en su cuerpo. Al llegar el tirano y ver a su hijo ya muerto, se traspasó con la misma espada; el hombre que había subido y dio muerte[1] al hijo del tirano, pide la recompensa como tiranicida[2].

---

[1] Luciano utiliza el mismo verbo —ἀποκτείνω— en las tres ocasiones en que se alude a la acción de matar; Moro, por su parte, realiza una *variatio* que trato de recoger en la traducción: *occideret – peremisset – interemerat*: "matar – asesinar – dar muerte".

[2] Como señala Zaragoza (1990: 211), el procedimiento que se plantea es similar al de la *dokimasía* que tenía lugar en Atenas para elegir a los cargos públicos, que tenían que pasar por un examen-interrogatorio para ver si cumplían ciertas condiciones (cf. *OCD*, s.v. *dokimasia*). En este caso, se trata de un tipo de proceso jurisdiccional en el que un conciudadano de quien reclama el derecho a la recompensa ofrecida por matar al tiranicida lo cuestiona, de forma que las autoridades remiten el asunto a un jurado; el demandante, como parte contraria, ha hablado primero.

Declamatio

1. Puesto que en un mismo día, jueces, he acabado con dos tiranos —uno debilitado ya por la edad y otro en la flor de la vida, y por ello preparado para la sucesión en el crimen—, me presento para reclamar, sin embargo, una única recompensa por ambos; y ello porque soy el único de los que alguna vez fueron tiranicidas que ha eliminado y destruido de un solo golpe a dos malvados: al hijo con la espada, pero al padre con el enorme[3] afecto que sentía por su hijo. Así, el tirano nos ha pagado un precio[4] suficiente por lo que hizo, ya que vio en vida a su hijo asesinado[5] y finalmente (algo que fue mucho más allá de toda esperanza), él mismo se vio obligado a convertirse en su propio tiranicida. Su hijo murió a mis manos y me sirvió, ya cadáver, para otra muerte, pues quien en vida cometió injusticias a una con su padre, muerto mató a su padre del único modo que pudo[6].

2. Por tanto, quien ha sometido a la tiranía soy yo, y la espada que acabó con todo, es la mía; solo he cambiado el orden de las muertes y he mudado la forma de acabar

---

[3] Moro parece querer reforzar este sentimiento: escribe nimio *illo in filium ferebatur,* affectu, donde Luciano solo habla de τῇ πρὸς τόν υἱόν φιλοστοργίᾳ: «Con la ternura que sentía por su hijo». Cf. *OLD,* s.v. *nimius,* 4.

[4] Opto por traducir así la expresión *satis nobis supplicii dedit*: cf. *OLD,* s.v. *supplicium,* 4a: "to pay the penalty, suffer punishment".

[5] Moro —que simplemente escribe *filium… occisum*— omite una matización temporal presente en el original griego (παρά τήν τελευτήν: "antes de tiempo"), que le permite también a Luciano insertar una figura estilística de políptoton con la adición inmediata de τελευταῖον.

[6] Traduzco el latín *ut potuit* de forma que se entienda y adapte al contexto.

con los criminales: al que era más fuerte y habría podido vengarse, yo mismo lo quité de en medio mientras que al viejo, solo dejándole la espada.

3. De manera que yo, por estos hechos, esperaba algo más de vosotros y creía que recibiría recompensas debido al número de muertos, ya que os he liberado no solo de males presentes, sino que os he preservado también del miedo de los futuros y os he proporcionado una libertad segura al no dejar ningún heredero de las crueldades. Pero entretanto, después de llevar a cabo tantas hazañas de manera eficaz, corro el peligro de tener que marcharme sin que se me entregue premio alguno por vuestra parte y de ser el único que se vea privado de la compensación que han establecido las leyes que yo he salvaguardado. Y así, me parece que este adversario mío aquí presente no actúa —como dice— por ningún interés en bien de la nación[7], sino más bien, movido por la caída de estos, por querer vengarse de quien fue causa de su muerte.

4. Pero vosotros, jueces, escuchad un momento mientras expongo los males de la tiranía —aunque vosotros mismos los conocéis de sobra—, pues de esa forma calibraréis mejor la magnitud de mi servicio, y asimismo os alegraréis al considerar de qué males habéis sido librados. Porque no hemos soportado una simple tiranía y una única servidumbre de la manera en que a menudo sucede a otros muchos, ni soportamos el capricho[8] de un

---

[7] Se aprecia cierta variación por parte de Moro, que apela significativamente al *Reipublicae studio*, mientras que Luciano escribe κηδόμενος … τῶν κοινῶν τοῦτο ποιεῖν: «Preocupándose de lo que es común».

[8] Opto por una acepción un tanto neutra en intensidad de los términos que aparecen tanto en griego (ἐπιθυμία) como en latín (*libido*), si bien en esta lengua el uso habitual de *libido* designa con frecuencia

solo señor, sino que éramos los únicos de todos aquellos a los que ha oprimido alguna vez una infelicidad semejante, que[9] tuvimos dos tiranos en lugar de uno y, desgraciados, nos hemos distinguido al sufrir injusticias por partida doble[10]. Con todo, el viejo era mucho más moderado, más suave en su ira, más débil para los castigos y más lento para sus pasiones, puesto que la edad cohibía ya la vehemencia del impulso y refrenaba los apetitos del placer. Y se decía que era empujado por su hijo, y en contra de su voluntad, a emprender actos injustos, puesto que él no era en realidad tiránico, sino que cedía ante el otro, porque —como ya demostró— estaba tremendamente unido a su hijo. El hijo era todo para él, le obedecía: hacía cualquier injusticia que él le mandaba[11] y castigaba a los que él elegía; en todo seguía sus deseos[12]

---

la pasión (sexual) un tanto desenfrenada. Si se tiene en cuenta el pensamiento político que más tarde explicitará en otras obras suyas el humanista inglés, no es descartable el deseo de Moro de caracterizar la figura del tirano de una forma especialmente negativa.

[9] Para hacer más coherente la exposición introduzco una ligazón subordinada relativa entre dos oraciones que en la versión latina se encuentran formalmente yuxtapuestas.

[10] Aunque tanto la expresión griega (πρός διττά οἱ δυστυχεῖς ἀδικήματα διῃρούμεθα) como la versión latina (*in duplices miseri iniurias distracti sumus*) son aquí relativamente concisas, he creído necesaria una traducción algo más explícita para no empañar la claridad de interpretación.

[11] El texto latino muestra una correlación perfecto – imperfecto (*iniuste* fecit *quicquid ille iubebat*) que modifico en su primer elemento verbal para hacer más correcta la concordancia de tiempos en castellano.

[12] Moro exhibe un extraordinario conocimiento de la lengua latina al emplear aquí una colocación —o expresión fijada con un sentido específico y constituida con frecuencia por un verbo de semánticamente ligero y un sustantivo abstracto— muy ajustada (*morem gerere*).

164

y, en fin, vivía bajo su tiranía y era un voluntario[13] cómplice[14] de los deseos de su hijo.

5. Mas el joven cedía en honor del padre en consideración a su edad y solo se contenía en nombre del poder, pero, por lo demás, él mismo era en sustancia la cabeza de la tiranía. La estabilidad y también la seguridad del gobierno[15] dependían de él ya que solo él disfrutaba con los resultados de las injusticias. Él era quien mantenía el control de sus seguidores, quien gobernaba a la guardia, quien mantenía reprimidos a los súbditos, quien aterrorizaba a los conspiradores. Él era quien reclutaba por la fuerza a los efebos[16], quien profanaba matrimonios, a quien le llevaban doncellas[17]; y si había cualquier

---

[13] Corresponde al añadido moreano *ultroneus*; de acuerdo con lo que anota Malsbary (*ad loc.*) en su versión inglesa de Wegemer & Smith (eds.) (2020) —citado a partir de ahora como Malsbary (2020c)— Moro puede estar queriendo enfatizar así las contradicciones del comportamiento paterno.

[14] Traduce *satelles* en la expresión *ultroneus filii cupiditatum satelles erat*; cf. *OLD*, s.v. *satelles* 2, cuando se construye con genitivo: "an accomplice"; el autor griego, por su parte, utiliza δορυφόρος, que suele entenderse más bien en el sentido de miembro de la guardia de alguien que realiza una acción por él: cf. *LSJ*, s.v., I ("*spearbearing*"); II,1 ("*spearman*") y II,2a ("esp. *one of the body-guard* of kings and tyrants"). Ahora bien, el término empleado por Moro tiene cabida si se tiene en cuenta lo que también aclara y especifica el mismo diccionario griego para este pasaje concreto, s.v. δορυφόρος, II,3: "δ. τῶν … ἐπιθυμιῶν τίνος *pandering to* his lusts"; la oración griega completa es: δορυφόρος τῶν τοῦ παιδὸς ἐπιθυμιῶν ἦν.

[15] Aunque el concepto que traduce este término presenta una delicada dificultad, Moro parece haberla resuelto de modo impecable traduciendo por *principatus* (cf. *OLD*, s.v., 1-2) el griego δυναστεία (cf. *LSJ*, s.v., I), en sus acepciones compatibles.

[16] Cf. nota correspondiente en *Philopseudés*, § 27.

[17] La sucesión de relativas refleja perfectamente —también en su última variación casual— la construcción griega, que repite la

matanza, cualquier destierro, confiscaciones de bienes, torturas, ofensas, todo esto pasaba a ser osadía de una persona joven, pues el propio viejo le seguía, era su compañero en los delitos y solo mostraba aprobación ante las fechorías de su hijo. La situación, pues, se hizo intolerable para nosotros, ya que cuando las pasiones del ánimo toman para sí la licencia que viene del poder, no ponen límite alguno a las injusticias.

6. Pero, con todo, esto era lo que más nos consumía[18]: sabíamos que esta esclavitud iba a ser duradera, o más bien eterna, y que la república[19] y el pueblo iban a ser legados en virtud de la sucesión, pasando como herencia de un gobernante y criminal al siguiente. Desde luego, a otros esta situación les da una no pequeña esperanza, puesto que pueden pensar y decirse unos a otros: «Pues ya se terminará esto, ya morirá y en poco tiempo seremos libres». Pero nada de esto se esperaba en nuestro caso, sino que ya ahora veíamos dispuesto al heredero del poder,

---

correspondiente fórmula: ἐκεῖνος ἦν ὁ…, ὁ…, ὁ…, ὁ…, ἐκεῖνος ὁ…, ὁ ἐνυβρίζων τοῖς γάμοις· ἐκείνῳ αἱ παρθένοι ἀνήγοντο.

[18] Moro concreta metafóricamente el tipo de dolor que se iba a sufrir empleando el verbo *uro* ("quemar" > "consumir (abrasado), abrasar": cf. *OLD*, s.v., 1-5 frente a 7-8), mientras que Luciano habla de un sufrimiento más general a través del uso de la forma ἐλύπει (cf. *LSJ*, s.v. λυπέω, I: "*grieve, vex*, whether in body or mind").

[19] Delicada pero posible trasposición del griego πόλις al latín *respublica*. Por otro lado, mientras Luciano diferencia como sujetos la ciudad (πόλις) por un lado y el pueblo (δῆμος) por otro, Moro los coordina y hace que sean parte del mismo sujeto, así como también coordina los dativos en *alii post alio domino ac scelerato*. Una posible traducción más fiel al original griego daría a entender lo siguiente: «Y que a través de la sucesión, la ciudad iba a ser entregada cada vez a un dictador distinto y el pueblo se convertiría en herencia para los criminales». Por último, una alternativa también posible sería traducir *Respublica* como estado, algo

y por eso ninguno de los hombres audaces se atrevía a afrontar la situación, incluso los que deseaban lo mismo que yo. La esperanza de la libertad estaba completamente perdida y la tiranía parecía inexpugnable, al ser necesario enfrentarse a tantos.

7. No obstante, nada me asustaron estas circunstancias ni me eché atrás por considerar la dificultad de la empresa ni tuve miedo ante el peligro. Y yo solo, solo ante una tiranía tan fuerte y de tantas caras[20], más bien no solo, sino con mi espada como ayuda —camarada también en el tiranicidio— subí[21] teniendo la muerte ante mis ojos, pero dispuesto a compensar con mi propia[22] muerte la libertad de todos. Así, después de haber atacado a la primera guardia y de haber dispersado a los soldados no sin dificultad, matando a todo el que encontraba y superando cualquier cosa que se me oponía, me dirigía ya al verdadero origen[23] del problema, a la propia

---

por lo que me inclino en la *declamatio* de Moro que sigue, en respuesta a esta de Luciano.

[20] Esta acepción parece la que mejor se adapta al contexto concreto; cf. *OLD*, s.v. *multiplex*, 4 ("consisting of many at once"), o 6b ("(of persons) many-sided").

[21] Se entiende que se dirige a la ciudadela o fortaleza donde se encontraba el tirano.

[22] Añadido de Moro, que le da la posibilidad de subrayar el contraste implícito: *sed* propriam *tamen caedem* communi *libertate compensans.*

[23] Traduce *caput*, que puede entenderse aquí tanto como la fuente u origen de algo abstracto (cf. *OLD*, s.v., 12, 15), como el dirigente de un estado, provincia, etc. (cf. *OLD*, s.v., 14a) o el punto nuclear o vital de una situación (cf. *OLD*, s.v., 15); así, una alternativa aceptable sería «Me dirigía ya a lo más importante de mi tarea» (*ipsum caput negotii*).

y única fuerza de la tiranía, a la auténtica[24] causa[25] de nuestras desdichas, y apostándome en la parte más alta de la defensa de la ciudadela[26], aun viendo que el centinela[27] se defendía valientemente y resistía con muchas heridas, a pesar de todo le maté[28].

8. Ya estaba, pues, sometida la tiranía, mi hazaña[29] se había consumado y desde ese momento todos éramos libres. El viejo quedó allí solo, inerme, abandonado por sus guardias, eliminada su imponente guardia personal, ni tan siquiera digno ya de una mano valerosa. En ese momento, jueces, yo pensaba para mí estas cosas: «Toda

---

[24] Prefiero realizar aquí una *variatio* en la traducción de estructuras con una misma adjetivación, que admite los matices elegidos, por razones de estilo, aunque la traducción unívoca también sería posible: in ipsum *negotii caput ferebar,* in ipsum *unicum tyrannidis robur,* in ipsam *nostrarum calamitatum materiam*: "me dirigía ya al *propio* origen del problema, a la *propia* y única fuerza de la tiranía, a la *propia* causa de nuestras desdichas". Esta anáfora con políptoton no se encuentra en el texto griego; se diría que Moro está tratando de enfatizar la caracterización del objetivo de la acción.

[25] Creo que esta acepción de *materia* es la mejor opción de acuerdo con el contexto en que nos encontramos; cf. *OLD*, s.v., 8a: "the condition whereby an action or situation is effected". Con todo, el término está por un complejo y amplio concepto griego —ὑπόθεσις— que, en tanto que puede designar la base para una discusión (cf. *LSJ*, s.v. II,1), tiene la posibilidad de adquirir este significado por extensión metafórica.

[26] Traduzco así *in summa arcis custodia,* construcción típica latina para los sintagmas con adjetivos como *summus.*

[27] Concretado en razón del contexto, ya que solo aparece *illum*; se refiere al hijo del tirano en su calidad de auténtico guardián de la situación tiránica.

[28] La edición del texto de Moro articula la siguiente oración tras una pausa débil de ","; parece, sin embargo, más acorde con la descripción de los hechos, separar de manera más clara el párrafo que sigue, como se hace también en las diversas ediciones y traducciones del original griego.

[29] Para esta acepción de *facinus* —más frecuentemente con una connotación negativa—, cf. *OLD*, s.v., 1.

la empresa ha salido bien, todo está terminado, todo se ha concluido valerosamente. ¿De qué forma, pues, debe castigarse al superviviente? Es sin duda indigno de mí y de mi diestra, sobre todo una vez que he llevado a cabo una hazaña tan brillante, fogosa y valiente, cuya gloria disminuiría si le añado esta muerte tan deslucida[30]. Por tanto, hay que buscar algún verdugo; pero, después de la desgracia, no ha de sacar partido de ella: que lo vea, que se castigue, que tenga solo la espada a mano; a ella le dejo yo lo que resta». Una vez decidido esto, me retiro de allí; mas él actuó como yo había presagiado: mató al tirano y añadió el acto final a mi drama[31].

9. Comparezco, pues, para traeros el gobierno por parte del pueblo[32], para infundir confianza a todos y pro-

---

[30] La versión de Moro lleva a cabo una variación y un añadido que da lugar a una paradoja un tanto jocosa: *cuius gloriam* addita *hac tam inerte caede* minuerem; el original griego, por su parte, presenta un texto que podría traducirse como "sobre todo porque lo eliminaría de forma brillante, juvenil y valiente, desmereciendo incluso aquel otro crimen". Ese añadido de Moro y su efecto parecen preparar el tono poco serio del texto que sigue.

[31] Escojo una palabra de amplio significado en castellano para un lugar delicado: el griego utiliza δρᾶμα, que podía significar tanto "acto, hazaña" (cf. *LSJ*, s.v., I: "deed, act") como pieza dramática (cf. *LSJ*, s.v., II: "action represented on the stage"); dado que esta palabra no había encontrado aún un equivalente canónico en la lengua latina, Moro emplea el término habitualmente usado para referirse a una representación dramática: cf. *OLD*, s.v. *fabula*, 6.

[32] Hallamos de nuevo un lugar con falta de ajuste entre el concepto griego firmemente acuñado en τὴν δημοκρατίαν y el recurso a un sintagma latino (*popularem… gubernationem*) que recoja la idea original, ya que esta no había aún cristalizado en un término latino canónico y unívoco; no será hasta el latín tardío cuando se tenga noticia de la transliteración al latín *democratia*; aparece en el comentario de Servio (s. IV d. C.) a la *Eneida* 1,21 (*hinc populum late regem belloque superbum / uenturum excidio Libyae: sic uoluere Parcas*: «De aquí había de venir,

clamar felizmente la libertad. Ahora, pues, disfrutad de mis hazañas, ya que —como veis— la ciudadela está libre de criminales, nadie os da órdenes, sino que está permitido conceder honores, administrar justicia y recurrir de acuerdo con las leyes; y esto[33] procede de mí y de mi hazaña: después de una sola muerte, el padre no pudo seguir viviendo. Por consiguiente, considero que es justo que se me conceda por vuestra parte la recompensa establecida, no porque tenga empeño en sacar provecho o haga mucho de poco[34], ni porque haya puesto mi corazón en obtener un pago por ayudar a mi patria, sino porque deseo que mis servicios sean enteramente aprobados por vuestra recompensa, que mi empeño no sea despreciado

---

para ruina de Libia, un pueblo que tendría dominio sobre una gran extensión, y soberbio en la guerra: así lo hilaban las Parcas»); Servio comenta: «HINC POPULUM LATE REGEM a Romanis. Laudat autem eorum imperium dicendo "populum regem". *LATE REGEM pro late regnaturum, nomen pro participio. Quidam hoc* demokratikos *intellegunt*» ("HINC POPULUM LATE REGEM se dice de los romanos; ensalza su gobierno al decir 'populum regem'. *LATE REGEM* está por '(un pueblo) que reinaría extensamente', utilizando el nombre (*regem*) el lugar del participio (*regnaturum*). Algunos entienden que esto quiere decir 'democrático'"); cf. *LSL*, s.v. δημοκρατικός, I.

[33] Moro omite —quizá por olvido, quizá por no considerarlo completamente necesario— el πάντα que aparece en griego y que llevaría a traducir "todo esto" en lugar de solo "esto".

[34] Existe aquí alguna diferencia formal y hasta cierto punto semántica entre el original griego y la traducción latina. Así, el primero reza: οὐ φιλοκερδή οὐδε μικρολόγος τις ὢν οὐδε…, que podría entenderse como "no porque sea yo alguien avaricioso o quisquilloso, o…". Moro, por su parte, utiliza una expresión que evidencia su conocimiento en detalle de la lengua latina: *aut qui parua magnipendam*; el verbo *pendo* con este tipo de genitivos —en este caso en forma compuesta con el verbo— significa en efecto "to regard as of (great, little, etc.) importance, place a (high, low, etc.) value upon, think (much, little, etc.) of": cf. *OLD*, s.v. *pendo*, 6b: "(w. *magni, parui,* etc.)".

ni quede sin fama, como si por vuestra parte[35] se juzgara incompleto e indigno de premio.

10. Pero este que veis[36] se opone y dice que yo actúo injustamente al querer que se me honre y ganar la recompensa; que yo no soy un tiranicida ni he actuado de acuerdo con la ley, sino que a mi acción le falta algo para para reclamar la recompensa. Entonces le pregunto yo: ¿qué más deseas de mí? ¿No tuve la intención? ¿No subí[37]? ¿No lo maté? ¿No os liberé? ¿Acaso alguien os da órdenes? ¿Os manda alguien? ¿Os amenaza algún amo? ¿Se me escapó alguno de los malhechores? No podrías afirmarlo[38]. Al contrario, todo está lleno de paz, todas las leyes han sido restituidas, es patente la libertad, es estable el gobierno por parte del pueblo[39], los matrimonios no son profanados, los niños están fuera de peligro y las doncellas seguras, la ciudad[40] está celebrando días de fiesta por su común felicidad. ¿Cuál es, entonces, la causa de todo esto? ¿Quién sometió aquello y os trajo esto? Porque si hay alguien más digno que yo de este honor, a él le cedo el puesto[41], y renuncio

---

[35] Traduce un *a uobis* añadido por Moro.

[36] Forma de expresar el valor deíctico que tendría aquí el solo sujeto pronominal *iste*.

[37] Cf. nota correspondiente a *conscendi* ("subí") en § 7.

[38] Con respecto a la fidelidad exquisita al original por parte de Moro en este pasaje de interrogaciones, cf. nota correspondiente en Introducción general, "Moro como traductor" (§ 5).

[39] Cf. nota correspondiente a *popularem… gubernationem* en § 9.

[40] Cf. nota correspondiente en § 6; allí se elegía *respublica* para traducir πόλις; en esta ocasión, Moro escoge un calco más cercano —*ciuitas*— pero que lógicamente no puede recoger el complejo significado jurídico del término griego.

[41] Como sucede en otras ocasiones, Moro se sirve de una estructura condicional cuasi-temática desde el punto de vista pragmático (cf. notas correspondientes en la Carta a Ruthall, §§ 1, 5

a esta recompensa. Pero si yo llevé a cabo todo esto solo —arriesgándome, corriendo peligro, llevando a cabo el ataque, matando, castigando, vengando al uno a través del otro—, ¿por qué difamas mis servicios? ¿Por qué vuelves al pueblo ingrato conmigo?

11. «Pero —argumentas[42]— no mataste al propio tirano y la ley estableció una recompensa para el tiranicida». Pues dime, ¿qué diferencia hay entre matarlo o proporcionar la causa de su muerte? Yo realmente pienso que ninguna, y que el legislador esperaba esto solo: la libertad, un estado del pueblo[43], el final de los criminales; esto honró, esto consideró digno de premio, algo que no podrías negar que ha sido conseguido por mí. Pues si maté a aquel, una vez muerto este otro no fue capaz de seguir viviendo: claramente lo maté yo mismo; la muerte era mía, la mano suya. Así que no sigas discutiendo rebuscadamente sobre el modo de su muerte ni continúes investigando cómo murió, sino más bien si sigue vivo o si el hecho de que no siga vivo es gracias a mí. Puesto que me parece que vas a escudriñar también esto, y vas a actuar como alguien que desacredita a benefactores: si alguien lo mató no con una espada sino con una piedra, con un madero o de algún otro modo. ¿Y qué si hubiera sitiado al tirano y lo hubiera empujado a una muerte segura[44] por inanición? ¿También

---

y Cabrillana, 1999); la estructura aparece articulada de la misma forma en el original griego.

[42] Añado este verbo de comunicación para hacer más claro el cambio de interlocutor.

[43] Cf. nota correspondiente en § 9; en este caso, el concepto griego τὴν δημοκρατίαν es trasladado al latín por *popularem statum*.

[44] He elegido interpretar como hendíadis el sintagma *ad mortis necessitatem* para dar mayor fluidez y claridad al texto.

en ese caso demandarías una muerte ejecutada por mi propia mano? ¿O dirías que aún me falta algo para que se cumpla la ley, y ello aun después de que el criminal hubiese muerto con un suplicio más cruel? Fíjate en una sola cosa, pregunta por esto, investiga esto con afán: ¿qué malhechor queda? ¿Qué temor a la injusticia amenaza? ¿Qué huellas de las desgracias existen[45]? Pero si todo se ha limpiado y pacificado, es propio de un tramposo desear privar del premio debido a los propios hechos de alguien, sembrando la infamia sobre el modo en que se han hecho las cosas.

12. También yo recuerdo ahora que esto consta claramente en las leyes (a no ser que, debido a la larga esclavitud, quizá haya olvidado lo que en ellas se dice): que hay dos clases de muerte, a saber, si alguien mata por sí mismo, o si alguien no mata por sí mismo ni lleva a cabo la acción con su propia mano[46] sino que obliga a ello y proporciona la ocasión para morir[47]; la ley considera que este debe ser igualmente castigado, y con toda justicia, pues no juzga que la causa que ocasiona la muerte sea menor que el propio acto, y la investigación ulterior

---

[45] Prefiero entender que en esta oración hay una forma de *esse* elidida, como es frecuente, y no pensar que alguna de las formas verbales presentes en las interrogaciones previas se aplica también al texto traducido aquí: *quae uestigia calamitatum?* La construcción es pareja a la del original griego.

[46] Esta última oración responde a un añadido de Moro, con la que quizá quiere dejar claro los dos tipos de homicidio que se están comparando; no obstante, ello no cambia el significado del original griego.

[47] Intento trasladar la *variatio* sinonímica que aparece en el texto: en las líneas precedentes se utiliza *mors* (*causas mortis duas esse*) y aquí *nex* (*atque occasionem necis dedit*). Moro recoge este mismo hecho presente en el texto griego, que emplea primero θάνατος y después φόνος.

sobre el modo en que se muere es ya superflua. Entonces, quien matara así, ¿piensas que ha de ser justamente castigado como homicida y en modo alguno estás dispuesto a absolverle, pero a aquel otro que del mismo modo ha hecho un bien a la ciudad no lo consideras merecedor de la recompensa de un benefactor?

13. Tampoco podrías decir esto: que yo simplemente lo hice pero que un buen final sobrevino por casualidad, sin que yo lo hubiese planeado. Pues, ¿por qué iba a tener miedo ya, una vez asesinado quien era el más fuerte? ¿Por qué dejé la espada en la herida si no hubiera previsto con detalle lo que iba realmente a suceder? A no ser que digas que quien murió no era un tirano ni se había ganado ese nombre, y que no habíais ofrecido con gusto muchas recompensas si se le asesinaba; pero nunca lo dirás. Así pues, una vez muerto el tirano, ¿no vas a conceder la recompensa a quien procuró la causa de la muerte? ¡Qué cosa tan sutil! ¿Te preocupas de cómo murió cuando disfrutas de libertad o exiges algo más de quien ha restituido la república[48]? Aunque la ley —como dices tú— examina

---

[48] Una vez más aparece el espinoso concepto griego de τὴν δημοκρατίαν, para el que por primera y única vez, se lee *democratiam* en Moro; ahora bien, como apunta Malsbary (2020c: *ad loc.*), esa palabra, tardía en latín, se encuentra por primera vez como glosa marginal en un manuscrito y no propiamente en el texto, en donde se habría acabado introduciendo, como es el caso en la edición seguida en la colección de Yale. Por lo anotado previamente en referencias a §§ 9, 10 y 11, y el empleo de *rempublicam* en ediciones anteriores (1506 [*rempu.*], 1516, 1519) a la empleada por Thompson, *rempublicam* me parece la lectura preferible con mucho, y de ahí mi traducción; una utilización única de *democratiam* cuando ya ha aparecido previamente el concepto sustituido cada vez por una expresión mucho más acorde con el mundo romano parece rara y tiene visos de ser espuria; de hecho, Jolidon (1980: 82) entiende que los sintagmas empleados por Moro a la hora de

el meollo[49] de las cosas, pero da por bueno cualquier medio y no indaga más allá. ¿Entonces, qué? ¿No merece el honor propio de un tiranicida el que mandó al tirano al exilio?[50]. Desde luego y con toda justicia, puesto que él proporcionó la libertad en lugar de la esclavitud. Mas lo que yo he procurado no es un exilio, ni el miedo de que se repita una rebelión, sino la eliminación absoluta, la destrucción de toda la familia y el arrancar de raíz todo mal.

14. Y ahora, por los dioses, examinad todo —si os parece— de principio a fin en lo que a mí respecta[51], a ver si se ha omitido alguna cosa para que se cumpla la ley

---

traducir el concepto resultan la opción natural. La edición de 1506 se ha consultado (01/06/2021) en <https://play.google.com/store/books/details?id=U_NBAAAAcAAJ>; la de 1514 (01/06/2021), en <https://books.google.com/books?id=jUM8AAAAcAAJ&hl=en>, donde falta toda la oración (*aut ab eo qui democratiam restituit amplius aliquid postulas*); la de 1517 (01/06/2021), en <https://www.digitale-sammlungen.de/de/view/bsb10981188?page=542,543>, donde aparece *democratiam*; la de 1519 (01/06/2021), en <https://gallica.bnf.fr/ark:/12148/bpt6k1019792/f406.item>, donde aparece *qui Remp. reddidit*; la de 1521 (01/06/2021), en <http://www.bvh.univ-tours.fr/Consult/consult.asp?numtable=B372615206%5F11518&numfiche=489&mode=3&ecran=0&offset=284>, donde aparece *democratiam*. Esta forma se había asentado ya, de forma que en la edición de 1689 (01/06/2021) <https://thomasmorestudies.org/wp-content/uploads/2020/12/TM_s-1565-Omnia-Opera-Ex-Luciano-Quaedam-.-.-.-Conversa.-31v-41.pdf >, aparece con claridad *Democratiam*.

[49] Cf. nota correspondiente al término *caput* en § 7, término que se repite aquí; en este caso, y por el contexto, parece más apropiado elegir la opción que ofrece el *OLD*, s.v., 15a ("an essential or vital thing, a matter of prime importance") y 15b ("a fundamental argument, main point").

[50] Probable alusión de Luciano a Harmodio, quien mató a Hiparco, hermano a su vez del tirano de Hipias.

[51] Forma de traducir un solo dativo *mihi* en el texto latino; Moro traslada literalmente la construcción griega con μοι.

o si me ha faltado algo que haya debido estar presente en un tiranicida. Así, ante todo, debe darse un espíritu generoso y preocupado por la república[52], dispuesto a correr peligros en favor del interés común y a comprar la salvación de muchos con la propia muerte: ¿acaso me faltó algo para eso? ¿Se quebró mi espíritu? O, aún previendo el peligro que me iba a acompañar al hacerlo, ¿me eché para atrás? No podrías decirlo. Entonces, quédate solo en esto y supón que solo por este motivo quise hacerlo y que me mantuve en esa decisión, y que incluso si no hubiera resultado ningún bien, me presento y, basándome en mi propio propósito, solicito la recompensa propia del bienhechor; aun en el caso de que yo no hubiera podido llevarlo a cabo y otro después de mí hubiese matado al tirano, dime, ¿sería ilógico o absurdo que se me concediera? Sobre todo, si dijera: «Señores, era mi intención, lo quería con todas mis fuerzas, fui a por él[53], y di muestras de mi decisión: solo yo soy digno del premio», ¿qué responderías entonces a eso?

15. Ahora, sin embargo, no digo eso, sino que subí[54], me puse en peligro y llevé a cabo muchas acciones antes de matar al joven, pues no penséis que era una cuestión

---

[52] Moro parafrasea el compuesto griego φιλόπολιν por *reipublicae studiosum*.

[53] El texto latino presenta *aggressus sum*, que prefiero entender en un sentido más bien físico: dirigirse hacia donde estaba el tirano para perpetrar la acción; la forma griega utilizada (ἐπεχείρησα) suele tener una interpretación más abstracta que apunta al sentido global de "intentar" (cf. *LSJ*, s.v. ἐπιχειρέω).

[54] Cf. nota correspondiente a *conscendi* en § 7; Moro utiliza aquí, como en el lugar correspondiente en § 10, la forma verbal simple *ascendi*.

tan fácil[55]: sobrepasar la guardia, dominar a los soldados, y hacer huir a tantos hombres yo solo. Pero esto es casi lo más importante en un tiranicidio, y la raíz[56] del propio hecho, pues el tirano en sí no es gran cosa, ni un gran problema[57] a superar, ni difícil de vencer, sino que más bien quien somete lo que protege y preserva la tiranía, ese es el que lleva todo a término[58], pues lo demás es poca cosa. No se me habría permitido llegar hasta los tiranos[59] si yo no hubiera sido el vencedor de todos esos guardias y protectores que los escoltan, y si no hubiera sometido primero a todos esos. No añado nada más, sino que insisto de nuevo en eso: reduje a la guardia y los escoltas, digo[60], dejé al tirano sin protección, inerme, desamparado. ¿No te parezco digno de honor por esto o aún me exiges su asesinato?

---

[55] Moro compendia en un solo *facilem* lo que Luciano desdobla en ῥᾷστον μηδὲ εὐχερὲς, interpretable con el sentido de "fácil ni simple".

[56] Cf. nota correspondiente a *caput* en § 7; Moro se sirve aquí del mismo término.

[57] Traduzco así *negotio* en esta ocasión (cf. *OLD*, s.v. *negotium*, 3), también para propiciar una mejor compatibilidad con la semántica de la forma verbo-nominal que se le aplica: *conficiendum* (cf. *OLD*, s.v. *conficio*, 14, 16a-16b).

[58] La estructura temática desde el punto de vista pragmático (cf. notas correspondientes en la Carta a Ruthall, §§ 1, 5 y Cabrillana, 1999) está especialmente elaborada en la versión moreana de este pasaje: *sed ea potius quae muniunt ac tuentur tyrannidem, quae qui uicerit, is omnia peregerit.*

[59] Como bien anota Thompson (1974: *ad loc.*), aunque Moro escribe *tyrannum* en singular, tiene más sentido el número plural —tal y como exhibe el original griego— no solo porque se entiende que el hablante se está refiriendo a padre e hijo, sino también porque más tarde aparece un *eos* (*qui* eos *cingunt*: "que los escoltan") ya sí en plural, co-referente con el correcto *tyrannos*.

[60] Añadido de Moro.

16. Y si todavía reclamas un asesinato, tampoco esto falta ni estoy libre de sangre, sino que perpetré un gran y noble homicidio a un joven en la flor de la edad y temido por todos, por quien también aquel otro estaba a buen seguro de conspiraciones, en quien únicamente confiaba, el que le bastaba en lugar de muchos soldados armados. Entonces, ¿qué? ¿No soy digno de recompensa? ¿Voy a quedar sin el honor de tantas hazañas? Pues ¿qué si hubiese eliminado a un solo soldado, a un servidor del tirano? ¿Qué si a un esclavo valioso? ¿No te parecería importante el hecho de subir y, en medio de la ciudadela, en medio de los soldados armados, matar a alguno de los amigos del tirano? Pero ahora, considera que el que ha sido eliminado era el hijo del tirano, peor incluso que el tirano, un amo más despiadado, un torturador más cruel, un opresor más violento. Después, y lo más importante, su heredero y sucesor en todo; en definitiva, quien hubiera podido prolongar mucho tiempo nuestras desgracias.

17. ¿Quieres que yo solo hubiera hecho eso y que el propio tirano aún viviera después de haberse dado a la fuga? Por esto pido un pago, ¿qué decís? ¿No me lo daréis? ¿No considerasteis malvado también a ese? ¿No era un dictador? ¿No era cruel? ¿No era intolerable? Pero ahora, considerad también el punto capital[61], pues lo que este me exige lo llevé a cabo de la mejor forma que pudo hacerse y maté al tirano con la muerte[62] de otro, y no del modo acostumbrado[63] ni de un solo golpe, algo que es lo

---

[61] Cf. nota correspondiente a *caput* en § 13; entiendo aquí el término con un significado paralelo al que exhibía en ese pasaje.

[62] Moro añade una figura de políptoton, ausente en el texto griego: *ac tyrannum alterius* nece necaui.

[63] Malsbary (2020c: *ad loc.*) advierte la presencia de cierto énfasis añadido por parte de Moro: donde el texto griego reza οὐκ ἁπλῶς

que más habría deseado, tras tantos crímenes; al contrario, [lo hice]⁶⁴ atormentándole primero con un inmenso dolor al poner ante sus ojos, postrado de forma miserable, lo que más quería: al hijo —un malvado desde luego, pero en la flor de la edad, y muy parecido a su padre—, lleno de sangre y pus. Estas son las heridas de los padres, estas las espadas de los tiranicidas justos, esta es la muerte digna de los tiranos crueles, este el castigo debido por tantos crímenes, pues morir en el acto y en ese momento no conocer, no ver tal espectáculo, nada tiene de digno castigo para un tirano.

18. Pues no ignoraba —óyeme bien—, no ignoraba, digo, ni tampoco ninguno de los otros, cuánto afecto tenía él por su hijo y que ni siquiera hubiera querido sobrevivirle un tiempo breve. Y quizá son así todos los padres respecto a sus hijos, pero este ciertamente lo tenía por encima de los demás, y con razón, porque veía que aquel era el único defensor y protector de la tiranía, el único que afrontaba los peligros de su padre y procuraba seguridad a su poder⁶⁵. Por eso, yo sabía que —aunque no fuera por cariño sino por desesperación— él moriría al punto cuando pensara que su vida sería inútil, una vez

---

οὐδὲ πληγῇ μιᾷ ("no simplemente/directamente ni con un golpe solo"), Moro escribe *non* uulgariter, *neque uno ictu.* Cf. *LSJ*, s.v. ἁπλῶς, II, 2.

⁶⁴ Suplo aquí el verbo principal (*peregi*), demasiado alejado ya.

⁶⁵ Moro utiliza aquí la palabra *imperio* para trasladar el griego τῇ ἀρχῇ, en una versión que no deja de tener problemas, como ha sucedido hasta ahora al trasponer conceptos de difícil paralelo en las culturas griega y romana, de manera más frecuente cuando se trata de referirse a denominaciones del estado, la ciudad, la forma de gobierno, etc. (cf. notas correspondientes en §§ 6, 10, 11 o 13). En este caso, mientras que en griego se pone el acento en el principio y origen de la cadena de mando, el latín subraya la idea del mando en sí mismo.

que desaparecía la seguridad que le venía de su hijo. Y así, le sujeté a la vez con todas estas cosas: la naturaleza, el dolor, la desesperación, el pavor y también el miedo al futuro. Me serví de esto como aliado contra él y le forcé a esa decisión final. Se nos[66] ha muerto sin hijos, afligido, desconsolado, lleno de lamentos, llorando un duelo ciertamente breve pero suficiente para un padre; y —lo más doloroso de todo— por su propia mano, que es la clase de muerte más lamentable de todas, y mucho más amarga que si la hubiera recibido de otro.

19. ¿Dónde está mi espada? ¿Puede reconocerla alguien más? ¿Es acaso el arma de algún otro? ¿Quién la llevó a la ciudadela? ¿Quién la usó antes que el tirano? ¿Quién la envió contra él? ¡Oh, espada, cómplice y sucesora de buenas hazañas mías! ¡Después de tantos peligros, después de tantas muertes somos despreciados y parecemos indignos del premio! Pues si os pidiera reconocimiento solo por ella, si dijera: «Señores, a un tirano que deseaba la muerte y en ese momento casualmente desarmado, esta espada mía lo ayudó y contribuyó a conseguir la libertad para todos», ¿la consideraríais indigna de reconocimiento y premio?[67]. ¿No habríais hecho un intercambio con el dueño de un objeto tan del pueblo?[68].

---

[66] El original de Luciano presenta el pronombre en segunda persona del plural (ὑμῖν: "se *os* ha muerto [el tirano]"), mientras que el texto latino escoge la primera persona *nobis*, algo que Malsbary (2020c: *ad loc.*) entiende más congruente con el *páthos* presente en el contexto posterior.

[67] En el original griego esta oración aparece en modalidad impresiva en lugar de interrogativa y formaría parte del supuesto parlamento del tiranicida.

[68] Esta oración presenta algunos problemas. En primer lugar, mientras que el griego utiliza ἂν ἐμείψασθε ("recompensaríais"), Moro elige un verbo (*retalio*) muy poco usado —de hecho un hápax probablemente

¿No la inscribiríais entre los bienhechores? ¿No conservaríais la propia espada entre los objetos sagrados? ¿No le rendiríais culto junto a los dioses?

20. Ahora, pensad conmigo qué es probable que hiciera y dijera el propio tirano antes de morir, cuando estaba matando a su hijo y le había traspasado con muchas heridas en las partes visibles del cuerpo, sobre todo para que su progenitor se consumiera de dolor[69] y se quedara lívido ante lo primero que viera; él dio un grito patéticamente y llamó a voces a su padre no para que le ayudara o le acompañara en la lucha —puesto que era ya viejo y débil—, sino como espectador de las desgracias familiares. Me había marchado de allí yo, autor de toda la tragedia, pero dejé a ese actor el cadáver, la escena, la espada y todo lo que restaba del drama[70]. Pero cuando el padre se acercó

---

más propio del argot jurídico que aparece en Aulo Gelio [*Noches Áticas* 20,1,16: *retaliari*]—, que utiliza solo dos veces en su *Utopía*: una refiriéndose al dolor y el placer, y otra, curiosamente, asociándola a la tiranía y el tiranicidio; en realidad el verbo *retalio* suele tener un significado muy acotado para referirse a lo que se ejecuta en virtud de la ley del talión, como se deduce de su morfología; he tratado de recoger ese matiz en la traducción. En segundo lugar, la formulación de la pregunta es extremadamente concisa: *dominum tam popularis rei non retaliassetis?*, de forma que *popularis* debería entenderse aquí como "en provecho del pueblo, perteneciente al pueblo"; de hecho, en el original griego se dice concretamente δεσπότην οὗτω δημοτικοῦ κτήματος οὐκ ἂν ἐμείψασθε, que podría traducirse como "¿no recompensaríais al dueño de un bien tan preciado para el pueblo/democrático?"; cf. *LSJ*, s.v. δημοτικός II,2: "on the popular or democratic side".

[69] Cf. nota correspondiente en § 6; Moro vuelve a emplear metafóricamente el verbo *uro*, más concreto, frente al griego λυπέω, de sentido más general.

[70] Cf. nota correspondiente en § 8; Moro utiliza tanto *tragoedia* en primer lugar como *fabula* en la parte final, en paralelo a los términos griegos τραγῳδία y δρᾶμα respectivamente.

y vio al único hijo que tenía que apenas respiraba, desgarrado y lleno de muerte, con aquellas heridas continuas, numerosas y mortales, exclamó: «¡Hijo mío! Hemos sido sometidos, asesinados, tiranos que han sido destruidos. ¿Dónde está el asesino? ¿Para qué me respeta? ¿Para qué desdicha[71] me reserva después de matarme por medio de ti, hijo mío? Quizá me desprecia como anciano y ha decidido matarme poco a poco y[72] prolonga mi muerte para que mi ejecución se haga más larga»[73].

21. Y al tiempo que decía esto, buscaba la espada, pues él estaba desarmado, ya que toda su esperanza había descansado en su hijo. Pero ni siquiera le faltó esto, pues la había yo preparado de antemano y dejado para la acción que iba a tener lugar. Así, arrancando la espada del cuerpo

---

[71] Traduce *malo*, añadido por Moro; en el original griego se repite la misma estructura: τίνι με τηρεῖ; τίνι με φυλάττει διά σοῦ, τέκνον, προανῃρημένον; ("¿para qué me guarda? ¿Para qué me reserva después de matarme por medio de ti, hijo mío?").

[72] En esta ocasión, y aunque el polisíndeton no es muy intenso, he decidido traducir las conjunciones copulativas para trasladar al texto castellano la sensación acumulativa que existe tanto en el original griego como en la versión latina.

[73] Se observan en esta parte final del supuesto discurso del tirano algunas diferencias de matiz con el original griego; quizá la más sobresaliente es la presencia de κολάζειν δέον en el texto de Luciano, que explicita el deseo de castigar al tirano ("es necesario castigarme"); el pasaje completo reza: ἢ μή τι ὡς γέροντος ὑπερφρονεῖ, καὶ τῇ βραδυτῆτι, κολάζειν δέον, καί παρατείνει μοι τόν φόνον καί μακρότεραν μοι σφαγὴν ποιεῖ; ("¿no será que me desprecia como a un anciano y con su lentitud (ya que me tiene que castigar) no solo me prolonga la muerte sino que hace mi ejecución más larga?"). Por su parte, Moro escribe: *nisi me forte utpote senem contemnit, et lente me perimere decreuit: ac mortem mihi producat, ut necem mihi faciat longiorem.* Con respecto a la *variatio* sinonímica de nuevo presente en el griego y trasladada al latín, cf. nota correspondiente en § 12; allí se utilizaba *mors* (por el griego θάνατος, aquí por φόνος) y luego *nex* (por el griego φόνος, aquí por σφαγή).

y sacándola de las heridas, dijo[74]: «Ya me has matado, me has destruido[75], así que ahora ponme fin; ¡oh, espada, ven a consolar a un padre que llora y ayuda a la infeliz mano de un anciano, degüella al tirano, mátame y líbrame de su dolor[76]. Ojalá te hubiera encontrado antes, ojalá hubiera inaugurado el orden de las matanzas, y habría muerto, pero solo como tirano, y esperando un vengador; mas ahora [muero] sin hijos, mas ahora [muero][77] como incluso sin tener quien me mate». Y al tiempo que decía esto, precipitó su ejecución tembloroso, incapaz, deseándolo en verdad, pero sin fuerza para consumar la acción.

22. ¿Cuántos castigos son estos? ¿Cuántas heridas? ¿Cuántas muertes? ¿Cuántos tiranicidios? ¿Cuántas recompensas? Y finalmente todos habéis visto al joven que yacía muerto —acción no pequeña ni fácil—, al anciano echado en tono a él, la sangre de ambos mezclada y ese rito de libación funeraria[78] que ha dado lugar a la libertad

---

[74] Adelanto el lugar de este verbo de lengua para dar paso al estilo directo con más claridad.

[75] Moro desdobla el griego ἀπέκτεινας en dos verbos latinos (*occidisti*, *peremisti*), quizá con una intención de proporcionar mayor intensidad al parlamento paterno.

[76] Tanto en la forma verbal anterior como en esta, ni el griego ni el latín explicitan el objeto, de forma que aunque podría traducirse —en consonancia con el previo *iugula tyrannum*— como "mátalo y líbralo de su dolor", parece más adecuado y coherente con el *páthos* del parlamento y la escena, personalizar los objetos en el propio hablante.

[77] Ni en el texto griego ni en el latino aparece este lógico verbo en ninguna de las dos ocasiones en que lo he suplido para facilitar la claridad de la traducción; por otro lado, la repetición formal de la estructura es absolutamente paralela en griego (νῦν δὲ ὡς ἄτεκνος, νῦν δὲ ὡς οὐδὲ φονέως εὐπορῶν) y en latín (*nunc uero ut orbus, nunc uero ut etiam carnificis egens*).

[78] Perífrasis que traduce *Libitinam*, un término religioso del mundo romano que Moro introduce por el solo σπονδή griego ("libación"; cf.

y la victoria, y la hazaña de mi espada: la propia espada expuesta entre los dos que mostraba que no era indigna de su dueño y que daba testimonio de que me había obedecido con lealtad. Si yo hubiese llevado a cabo esto, sería algo casi desapercibido[79], pero ahora se torna más brillante por su propia originalidad. Pues quien ha sometido a toda la tiranía soy yo, aunque el trabajo se ha compartido entre muchos, como en un drama[80]. Yo representé el papel principal, el hijo el segundo, el propio tirano el tercer papel, y finalmente mi espada ha servido a todos.

**Fin del *Tiranicida* de Luciano,
traducido por Tomás Moro.**

LSJ, s.v. σπονδή , I). Libitina es la diosa romana a la que se confía velar sobre las obligaciones para con los muertos. Por otro lado, Moro enriquece este nombre con un *parentem* concertado y que da a la expresión el sentido de que el suicidio del padre es el que engendra la libertad; este matiz no está en el texto griego.

[79] Donde Luciano escribe μικρότερον ("más pequeño, de menos importancia"), Moro emplea *obscurius*; para en sentido que le otorgo aquí al término, cf. *OLD*, s.v. *obscure*, 3-4).

[80] Cf. nota correspondiente a δρᾶμα y *fabula* en § 8.

DECLAMATIO DE TOMÁS MORO EN RESPUESTA A LA DE LUCIANO

1.[1] No había imaginado, jueces, que a quien asumió llevar a cabo una causa pública (como hago yo ahora), le fuera necesario dar razón de por qué lo hizo:[2] pues no habría peligro alguno de que pareciese que él acometía esto más por malicia que por un sentido del deber, desde

---

[1] El texto latino de Moro editado por Thomson (1974) aparece sin separación de párrafos; para facilitar la lectura, la identificación y comprensión de las distintas partes del discurso y las referencias internas, dividiré el texto traducido de acuerdo con las secciones que se presentan en la versión inglesa que aparece en Wegemer & Smith (2020: 51-59); aunque su traducción está en realidad tomada de Thompson (1974: 95-127), la separación de párrafos practicada en la edición de Wegemer & Smith (2020) parece mejor articulada y no presenta, por lo general, párrafos tan largos como en la edición de Thompson, que pueden hacer algo más densa la lectura y comprensión de los distintos momentos del discurso.

[2] Comienza aquí el *exordium* o introducción del discurso, en donde el orador trata habitualmente de ganarse la buena voluntad del jurado o los jueces y ofrece una información preliminar. Moro quiere dejar claro que los motivos para su actuación vienen dictados por un deber público, y no —como se aludirá después— por simpatía alguna con el tirano ni por envidia del demandante anterior. Una descripción y análisis de esta parte del discurso puede verse en Ransom (2013: 169-171).

el momento en que él ofrece como prueba indiscutible de su gran integridad el haber elegido velar por el interés de todos los demás con su propio esfuerzo. Aunque supongo que todos los abogados de casos como este pueden defenderse con razón de toda sospecha de calumnia, realmente yo puedo hacerlo con mucha más razón que cualquier otro; yo, que no solo he asumido esta tarea en pro del bien público sino que incluso he contraído enemistad personal con ese hombre que se jacta de haber matado a los tiranos. Pero ya que veo que no se intenta nada, aun correctamente, que la malevolencia de los malvados no critique ni tergiverse; y puesto que incluso ahora estoy oyendo el murmullo de algunos que, convencidos por su discurso, toman en mal sentido mi función, he decidido, jueces, explicarles las razones de este proceso mío, no sea que algún intérprete malicioso de mi celo trate de atribuirlo al pesar, al odio o a la envidia.

2. Y, ante todo, ¿por qué habría de pensarse que yo lamento la muerte del tirano? Este me lo ha reprochado recientemente, pero no ha ofrecido ninguna prueba, contentándose solo con haber hecho esa afirmación; y pide que se le crea sin pruebas, sin testigos. Es más: «A menos que tú lo lamentes —dice—, a menos que desees vengar la muerte del tirano, no te opondrías a mí». Por tanto, ¿demuestras que me apena la muerte del tirano solo por el hecho de que me he opuesto a ti con justicia cuando pides injustamente una recompensa por su muerte violenta? ¿Quieres ver qué poca base tiene lo que dices? Si pudieras probar que mataste al tirano, yo no podría presentar esta demanda contra ti aunque quisiera, ni querría si pudiera. Pero ahora, ¿por qué voy a hablar en tu contra, si no es porque tú no mataste al tirano? Si le hubieras asesinado, yo no presentaría demanda; por el contrario, te alabaría, te admiraría, y sería el primero en votar a favor de tu recompensa. Pero ahora, por esa razón hablo contra ti, por esa razón te niego este honor, por esa razón comparezco contra ti, por esa razón presento la demanda: porque tú *no* mataste al tirano. Así pues, ¿acaso parece que lamente yo esa muerte? Mi oponente, jueces, debería haber mostrado más bien que yo estaba unido al tirano por lazos de sangre, o que era cercano por parentesco, o que tenía alguna obligación con él por favores, o que era su aliado en sus crímenes. Pero ha sido incapaz de simular nada de este tipo; por tanto, si no estaba emparentado ni relacionado con él, si él nunca solicitó mis servicios para hacer daño a alguien, si no me vinieron beneficios de su parte, si me oprimió junto a los demás con una amarga esclavitud, si su destrucción ha restituido la libertad a la vez para mí y para vosotros, ¿qué razón hay para que yo lamente su muerte, presagio de mi salvación y libertad?

3.[3] Pero seguramente hay hasta cierto punto alguna causa de odio. ¿Qué hizo, pues, que provocara mi odio hacia él? Primero, mató al hijo del tirano; pero después, una vez que el tirano se había causado la muerte por su propia mano, este pidió la recompensa como si fuera un tiranicida. Con respecto a esto, considerad, de un lado,

---

[3] Comenzaría aquí la segunda parte de la estructura del discurso, la *narratio*, en la que se declaran los hechos del caso; lógicamente, el ponente los relata como desea que los considere el jurado. De acuerdo con Thompson (1974: 153), Moro simplemente rememora los hechos, pues de todos es conocido que el tiranicida mató al hijo del tirano, no al propio tirano, que fue quien se quitó la vida a sí mismo tras ver a su hijo muerto; sin embargo, sí que procura que quede claro "lo que realmente pasó".

que mató al joven aunque sin apenas planearlo y que lo habría hecho casi sin beneficio común si los dioses no nos hubieran sido propicios[4]; él lo hizo, sin embargo (hasta donde ciertamente puedo sospechar), sin mala intención. De otro lado, [pensad][5] que este solicita la recompensa aunque no la ha merecido; tal y como son las disposiciones de los hombres, no me sorprende, e incluso lo disculpo si es que es capaz de llevársela.

4. Ninguna de estas cosas incita mi odio hacia él. Fuera de esto, nunca ha hecho nada que me concierna en modo alguno, así que, ¿voy a ser tan injusto que vaya a perseguir sin razón, por odio, a un hombre que apenas conozco de cara o por su reputación, que no me ha ofendido con acción alguna ni me ha hecho daño de palabra?

5. Queda por explicar la sospecha de envidia, que es una cosa tal que de ningún otro mal querría carecer con más gusto. Pues aunque todos los vicios son dañinos por su propia naturaleza, ninguno es, sin embargo, más pernicioso que los celos, que excitan con tremendos tormentos el pecho, una vez que se han asentado ahí. A buen seguro, considerar la fortuna de otro como una desgracia personal, enfadarse ante lo favorable para otros, consumirse por las alabanzas a ajenos, atormentarse por la felicidad ajena, ¿no es algo tremendamente miserable, no es

---

[4] Este punto resulta de especial relevancia (cf. Thompson, 1974: *ad loc.* y Wegemer, 2011: 59-60), y será retomado al final del discurso con mayor extensión y vehemencia.

[5] Esta oración depende igualmente del *puta* ("considera[d]") que inaugura las razones que Moro desea que los jueces tengan en cuenta, y que articula del siguiente modo: *quorum alterum… Alterum uero…* Para facilitar que pueda seguirse el hilo de la argumentación, suplo aquí este verbo rector, que aparece en el texto moreano solo una vez y bastante distanciado de la presentación de esta segunda razón.

la mayor de las locuras[6]? Y así, si estoy lejos de algún otro vicio, jueces, de este ciertamente estoy lejísimos. ¿Qué fortuna he atacado alguna vez? ¿Qué buenas acciones he denigrado? ¿Qué alabanzas he menospreciado en alguna ocasión? ¿Qué fama he salpicado con alguna mancha? Desde luego, si no me libra de la sospecha de ese vicio esta modesta fortuna mía, que no es tan pobre como para hacerme envidiar los recursos y recompensas de otros, si no me justifica mi vida anterior, que no es tan pobre en hazañas como para que deba yo consumirme por envidia de la alabanza ajena, por Hércules que esta demanda me absuelve, pues es tal que merece más la indulgencia de todos que la envidia de alguno. Os pregunto, jueces, ¿qué muestra de odio, qué prueba de envidia presento?

6. No llamo a un desafío, no estoy irritado, no hago una acusación; solo defiendo a la ciudad, convocada por él a juicio. Pero ¿por qué cuando que hay otros sentados ahí —todos ellos guardando silencio— mucho más distinguidos, que me aventajan en autoridad y mucho más preparados que yo para pronunciar un discurso, soy precisamente yo quien se levanta y se enfrenta a quien solicita recompensas? No tengo ninguna duda de que ellos opinan lo mismo que yo, y de que hay muchos entre ellos que se habrían encargado de este deber con gusto si yo no lo hubiera asumido ya; y, finalmente, no dudo[7] de que

---

[6] Wegemer (2011: 60) sugiere que este pasaje responde a una elaborada visión moreana de la *humanitas*. Con respecto al contenido del término, cf. Curtright (2012b), Cabrillana (2018: 9-15) y la bibliografía citada por ambos autores.

[7] Como en alguna ocasión anterior, la lejanía del verbo del que entiendo que depende también esta oración ([*non*] *dubito* [*quin*]) me inclina a repetirlo aunque no esté en el original latino.

no ha de culpárseme porque yo fuera el primero en ofrecer mis servicios a mi patria. No estoy obligado por las razones del silencio de otros, cualesquiera que sean; a mí ciertamente me urgía a hablar, primero, el bien público[8] y después, el respeto a los dioses inmortales.

7. De modo que cuando veo los pocos recursos de nuestro tesoro, la actual escasez de fondos y que en muchas ocasiones nos urgen unos gastos necesarios, no podría soportar que la ciudad fuera vaciada de dinero por este gasto extraordinario e innecesario. No ignoráis qué grande es la recompensa por un tiranicidio, y con razón: pues ¿qué cantidad es suficientemente grande cuando se recobran los campos, los hogares, las fortunas, los hijos, las esposas, la salud y la libertad de todos, y, finalmente, los propios altares y los templos de los dioses? Cuanto mayor y más gravoso sea ese pago para la ciudad, más cuidado debemos tener para que no se disponga de manera imprudente. Bastante nos amenaza, jueces, un coste y un desembolso abundante, un gasto abundante como para dejar vacío nuestro tesoro[9] —aparte, por supuesto, de lo que demanda este hombre, a quien no debemos nada—.

8. Además, puesto que este tiranicidio ha sobrevenido por la sola clemencia de los dioses, quienes, después de que se les ha implorado con tanta frecuencia, se han

___

[8] Primera aparición en esta *Declamatio* del término *Respublica*, que Moro introduce en lugar de la lucianea δημοκρατία (cf., e.gr., nota correspondiente en *Tyrannicida*, § 9); con respecto a la importancia de este concepto en la *Responsio*, cf. Wegemer (2011: esp. 58, 60-62).

[9] Thompson (1974: *ad loc.*) se hace eco del papel de Moro en 1504 sobre los gastos del estado y cómo ayudó este a que no saliera adelante una propuesta para otorgar al rey cierta cantidad de fondos. Por otro lado, recuerda cómo en la *Utopía,* un pueblo vecino de los utopienses limita a mil libras la cantidad del tesoro real.

compadecido finalmente de nuestras desgracias y han querido liberarnos del yugo del más cruel tirano y devolvernos la libertad, pienso que no sería soportable que la ciudad atribuyera a un hombre que no lo merece el honor y el agradecimiento sustraído a los dioses que sí lo merecen. Así, mostraré con las pruebas más patentes que todo este asunto se debe a la fortuna y la bondad de los dioses, y no gracias a este; mientras hago esto, jueces, os ruego que me escuchéis con atención.

9.[10] Tres son las razones que este considera suficientes para conseguir este honor: porque mató al hijo del tirano, porque intentó asesinar al tirano, o porque el padre, conmovido por la muerte de su hijo, decidió darse muerte con la espada que este hombre había dejado[11].

10. Así pues, ¿parece un tiranicidio el asesinato de aquel joven? «¿Por qué no? Seguramente —dice— también él era un tirano». ¿Quién se puede creer, jueces, que *una* única ciudad se somete a *dos*[12] tiranos? ¿Que dos tiranos viven en buena armonía dentro de las mismas murallas? ¿Que han podido mantenerse unidos en el espacio de una sola ciudad cuando incluso el mundo entero apenas habría bastado para uno de ellos? Quien nos contara que esto ha de creerse, ese me parece que sabe poco sobre

---

[10] Comienza aquí la *confirmatio* y posterior *refutatio* —la parte más extensa del discurso— donde Moro se aplica a rebatir las demandas de su oponente.

[11] Los tres argumentos enumerados son los que Moro irá contradiciendo en la *refutatio* que sigue a continuación.

[12] El destacado tipográfico es mío; pretendo con él llamar la atención sobre el fuerte contraste que quiere establecer Moro, más evidente en el texto latino, entre otras razones, por su orden de palabras: *Quis id credat iudices, urbem* unam duobus *suffecisse tyrannis?* Se trata de un contraste que el autor expandirá y subrayará en las oraciones siguientes.

la naturaleza tiránica[13]. Pues incluso las autoridades legítimas[14], que no solo gobiernan de acuerdo con las leyes sino que también obedecen las leyes, y con más suavidad que una tiranía habiendo tanta diferencia, son, sin embargo, dominadas de tal manera por la ambición que ni siquiera respetan la vida de sus amigos más próximos antes que tenerlos como copartícipes de su poder. ¿Quién puede creer que un tirano, cruel y violento por naturaleza admitiría a alguien que compartiera su poder, por cuya pasión ha abusado de las leyes de los hombres, ha menospreciado las de los dioses, ha despreciado la vida? Es más, casi todas las fieras que viven de sus presas (algo que es propio de los tiranos), en quienes solo la preocupación por el sustento ha impreso algunas huellas de la naturaleza tiránica, se enfurecen contra su propia camada antes que aceptarla como compañera de caza. ¿Y pensamos que un tirano humano a quien el orgullo hincha, la ambición instiga, la avidez le empuja, la fama le seduce, puede compartir su tiranía con alguien?

11. Pero este no solo supone dos tiranos sino que quiere que el joven parezca incluso más tirano, ya que ese —dice— cometió tremendas injusticias contra los ciudadanos: asesinatos, robos, violaciones; en fin, todas las formas conocidas de crímenes. Evitó el título, pero, por lo demás,

---

[13] Nuevo empleo de una estructura temática desde el punto de vista pragmático, que intento recoger en la disposición de la versión castellana; cf., e. gr., notas correspondientes en la Carta a Ruthall, §§ 1, 5 y Cabrillana (1999).

[14] Se ve aquí un eco de la misma idea desarrollada y concretada de modos diversos en otros escritos moreanos: entre otros, la *Vida de Ricardo III*, la *Utopía* o algunos *Epigramas*, como los nn. 19, 109, 112, 115, 120-121, 142, 162, 198, 243, etc. (a este respecto, cf. Cabrillana, 2014).

él era en realidad la cabeza de la tiranía y tenía más poder que su padre, a quien gobernaba como quería.

12. Mas la realidad es muy contraria a eso, jueces: sin duda la tiranía es algo siempre violento y aterrador. Si el hijo hubiera tenido posibilidad, seguramente no habría soportado a su padre, ni el padre habría dado licencia al hijo como para que este tuviera poder. Nadie es más sospechoso para los tiranos que su heredero, que amedrenta más a su padre cuanto más aire le da a su natural salvaje y a sus prácticas tiránicas. De manera que él refrenaba las pasiones de su hijo y controlaba más que aflojaba las riendas sobre el muchacho para que el joven, al ir arraigándose con demasiado poderío, ansioso por gobernar y, arrogante por sus recursos, no se rigiera a sí mismo[15] ni, finalmente, incluso despreciara a su padre; es más, los dioses habrían preferido Júpiter a Saturno[16]. Pues si entretanto cometió injusticias, ¿qué otra cosa prueba que se ofreció a su padre como cómplice? De este tipo de

---

[15] En opinión de Wegemer (2011: 62), aquí reside una idea presente en los diálogos lucianeos traducidos por Moro y uno de los conceptos que más aparece en los escritos de juventud del humanista inglés.

[16] Saturno, dios itálico muy antiguo, se identifica con Cronos, dios del tiempo. Como es habitual, las versiones sobre él difieren. Probablemente Moro utiliza aquí estos dos nombres de dioses para hacerse eco de la creencia griega de que Saturno, hermano menor de Titán, e hijo del Cielo (*Uranus*) y la Tierra (*Tellus*), consiguió de su hermano el poder de reinar a condición de que no criara hijos. Saturno no cumplió esta condición y, para no ser descubierto, devoraba a sus hijos. Como consecuencia de su unión con la diosa *Ops* tuvo, entre otros, a Júpiter, Neptuno y Plutón, a quienes su madre ocultó, presentando solo a su hija Juno. Después de varios acontecimientos, y cuando Júpiter creció, derrotó a su tío Titán y devolvió el poder a su padre Saturno, a quien Titán había mandado encerrar por haber roto su compromiso. Finalmente, Saturno trató de matar a su hijo Júpiter, quien venció en el enfrentamiento y recuperó el poder del Cielo. Saturno, se cree, quedó reducido a mortal.

personas, ¿cuántos son los que no diezmen, profanen matrimonios, saqueen casas, desvalijen templos[17], asesinen a quienes se le cruzan por el camino y maten cruelmente a quien sea el mejor? Pero como hay uno bajo cuyo poder y protección se mantienen confiados, cometen crímenes tan osados; si no, ellos habrían sido castigados por sus abusos, bien por su parte bien por las leyes, como ladrones, asesinos, bandidos, adúlteros. Mas solo uno, él, el primero de los criminales, bajo cuyo nombre todos cometen delitos impunemente, es el tirano. Y ese joven, cuando cometía algo horripilante, decía siempre que su padre se lo había ordenado así; y yo no dudo de que realmente se lo ordenara. Pues el hijo fue de tal carácter que a veces parecía que iba a igualarse a su padre —si llegaba a su edad— en ignominias y crímenes; a pesar de que en su juventud, iba por delante de la crueldad y el salvajismo de su padre, cosas con las que, acostumbrado desde niño, había crecido, entonces era aún un soldado tosco, apenas un recluta, y no hacía casi nada de importancia a menos que fuese ordenado e instruido por su padre.

13. Pero tanto si él no hacía esas cosas sin que se le ordenara, como si él mismo se atrevía a hacerlo aunque no se le ordenase, sin embargo, puesto que actuaba como si se le ordenase, puesto que ni usurpó el nombre del tirano ni se presentaba como tirano, sino que daba a entender que obedecía a su padre y le achacaba[18] las razones

---

[17] Como otros términos en diversas ocasiones, la palabra traducida aparece con una grafía distinta a la clásica o tardía: *phanum* por *fanum*; cf. Hoven (1994: s.v.).

[18] Traduce *ausorum suorum causas in illum* retulerit; cf. *OLD*, s.v. *refero*, 11a: "(w. *ad, in* + acc., dat., or adv.) To ascribe, refer, put down, trace back (to a cause, motive, originator, etc.)".

de sus excesos, puesto que reconocía que había otro más poderoso que él —en cuyo poder confiaba y de quien dependía toda su impunidad—, llámale ladrón si quieres, o sacrílego u otro nombre si lo prefieres, pero desde luego ese no es contra quien podría cometerse un tiranicidio. Y si sostienes que este, solo, tenía el poder absoluto, que en realidad era el tirano, y —algo de lo que te jactabas hace poco— que por su muerte el estado había quedado en ese momento libre[19], supongamos, os ruego, que el padre aún viviera, pero no puesto en fuga, algo que no sé por qué tú has simulado, ya que ni le habías hecho huir ni habías hecho nada para que se diera a la fuga. Así, aunque su hijo había sido asesinado por medio de una emboscada, el resto de sus fuerzas estaban intactas, y no veo por qué el padre tenía más razón para desesperarse o huir que si no tuviese un hijo o el hijo hubiera muerto por una plaga. Pero imaginemos, como dije, que el padre estuviese vivo y, aun despojado de su único hijo, permaneciera sin embargo rodeado de un cuerpo de guardias, lamentándose por el asesinato de su hijo pero amenazando al asesino y determinando todo tipo de castigos; imaginemos[20] que corre hacia el foro con el rostro triste pero fiero mostrando la espada que tú dejaste, y promete enormes recompensas si alguien diese a conocer[21] al dueño de la

---

[19] Nueva alusión a la idea de libertad para el estado.

[20] Como en otras ocasiones, suplo el verbo rector para que no disminuya la claridad del discurso, ya que, aunque la lengua latina tiene más mecanismos para dejar clara esa dependencia, en castellano el espacio que media entre el verbo y cada una de sus subordinadas puede dificultar la fluidez deseada.

[21] Traduce la forma verbal *prodiderit*, en una construcción no exenta de problemas; el verbo *prodeo* es intransitivo, pero aquí se encuentra usado transitivamente (*si quis eius ensis* dominum *prodiderit*), algo que,

espada. Ve tú entonces corriendo al foro ocupado por él y su escolta[22], y con la información en tu cabeza, apresúrate a ir a la vista de todos, valiente tiranicida, e irrumpiendo en medio de la multitud grita bien alto[23] que tú has matado al tirano, anuncia la libertad para todos y pide la recompensa por el tiranicidio. ¿Por qué huyes? ¿Por qué buscas un escondite? ¿Por qué tienes miedo, tiranicida? ¿No es libre el estado? ¿No ha sido asesinado el tirano? Así que el que tú mataste no era el tirano sino más bien un cómplice del tirano; y la ciudad no ha recuperado la libertad con su muerte, lo que solo un poco antes decías que era el propósito al que se dirigía esta ley.

14. «Pero —declara este— he matado al heredero». ¿Por qué me nombra al heredero? ¿Por qué me habla de leyes en una tiranía?[24] Esas son leyes solo de nombre; la sucesión es propia de derecho. Al hijo de un pirata que ocupara el sitio de su padre muerto, ¿alguien le designaría

---

por otro lado, no resulta excesivamente sorprendente, dada la tendencia de la lengua latina a la transitivación. Así las cosas, he tratado de recoger uno de los significados de *prodeo*: cf. *OLD*, s.v., 5 ("To extend forward or outward, project").

[22] Aparece, como en diversas ocasiones anteriores, la palabra *satellites*; como recuerda oportunamente Thompson (1974: *ad loc.*), Moro escribirá algo más tarde un epigrama (n. 120), titulado *Regem non satellitium sed uirtus reddit tutum* ("Un rey vien a estar seguro no por su escolta sino por su virtud"; cf. Cabrillana, 2012: 93); otro ejemplo elocuente es el del epigrama n. 238, en cuyo v. 8 se dice: *Nempe* satellitium, *metuendos admonet enses* ("así, una escolta desvela qué miedo se tiene a la espada"; cf. Cabrillana, 2012: 140).

[23] El verbo usado por Moro —*proclamito*— es tardío (cf. Hoven, 1994, s.v.). Sin embargo, el mecanismo morfológico al que responde operaba ya en época clásica: la adición de un sufijo (*-it*) para dotar al verbo simple (*proclamo*) de una intensidad semántica disminuida o perdida, o de un matiz iterativo.

[24] Sobre esta opinión de Moro, cf. el análisis de Corral (2012: 79-80).

196

heredero? Un tirano muere siempre sin testamento puesto que ha mantenido cautivas las leyes, que son las únicas que pueden hacer válido un testamento. De esa manera, quien accede al puesto de un tirano muerto no es un heredero sino un nuevo tirano, puesto que no sucede sino que usurpa. «Pero lo habríamos sometido ahora». ¿A quién le consta eso? Por el contrario, yo digo que el pueblo es libre[25] en el momento en que muere el tirano; de otro modo, la ley estableció una recompensa para el tiranicida en vano si con la muerte de un tirano caemos bajo el poder de otro.

15. Pero la situación es muy distinta, jueces, pues una vez muerto el tirano del modo que fuese, el pueblo entonces ya liberado —mientras los amigos están absorbidos por la pena, mientras la escolta se queda aturdida por su muerte—, al punto habría proclamado su libertad; y el hijo no habría podido resistir[26] la fuerza del pueblo en contra, más de lo que puede hacerlo cualquiera ahora, ya fuera el más poderoso de los amigos del tirano o cualquier otro muy cercano a su familia después del hijo, para quien, si el título de sucesión y herencia hubiera de ser considerado, la tiranía pertenecería ahora tanto a este como al hijo. Por tanto, quienquiera que llevara a cabo el asesinato —un compañero, un amigo, un pariente o el hijo del tirano— se jacta de tiranicidio en vano. El propio tirano es el único cuya muerte paga el estado con tan gran recompensa.

---

[25] En la línea que señala Wegemer (2011), se da aquí un ejemplo más de alusión a la idea de libertad y estado (*respublica*).

[26] Nuevo empleo transitivo de un verbo habitualmente intransitivo (cf. nota correspondiente a *prodeo* en § 13), aunque puede aparecer ya en época clásica con acusativos internos: cf. *OLD*, s.v. *ualeo*, e.gr., 6b.

16. «Pero yo tuve la intención —dice—, lo intenté, me arriesgué, de modo que no puede negarse que una vez muerto el hijo del tirano quedaba anulada la esperanza de una tiranía futura; he dejado una prueba muy clara de mi propósito y considero que esto solo me basta para este honor».

17. Mira, te ruego, con qué nula malevolencia, con cuánta franqueza razono todo contigo, con qué mínima desconfianza expongo todo este asunto de tu caso. Pues si defendiera esta causa otra persona —no ya de entre tus enemigos sino incluso uno de esos apasionados defensores que escudriñan cada punto, acosan con sospechas y presionan de forma muy desagradable—, por Hércules que ese trataría este punto de tal modo que sostendría que tú nunca lo intentaste ni lo planeaste. Y si a gritos dijeras que te sorprendía que nadie pudiera ser tan increíblemente atrevido como para osar decir tales cosas cuando el hijo del tirano había sido asesinado en ese mismo intento, él argumentaría sin ambages como si no fuera posible que tú ascendieras a la fortaleza para liberar al estado (lo cual no conseguiste), para matar al tirano (al que no tocaste), sino más bien para matar cruelmente al propio joven al que asesinaste; que tú lo hiciste para vengar o compensar alguna injusticia particular que se te había hecho. Si él insistiera, apremiara, presionara y demandara algunas pruebas seguras de tu resolución y tu intención, estoy seguro, sabes, de a qué posición tan difícil te verías llevado.

18. Pero no trataré contigo de ese modo, ya que en cuestiones tremendamente oscuras —como lo es esta—, acostumbro siempre a ser más proclive a la interpretación más conveniente. Y así, te concedo que parece que esto se hizo con espíritu favorable para con el estado pues quisiste e intentaste realmente erradicar la tiranía. ¿Te parece que esto ha de verse recompensado con ese premio? Primero, por el hecho de que lo quisiste: ¿quién no ve qué poco consistente es eso? Pues de acuerdo con ese argumento, todos pediríamos la recompensa por tiranicidio. ¿Quién era de espíritu tan indiferente para con el estado que no quisiera de buen grado eliminar al más cruel de los tiranos? Pero al intentarlo, ¿qué otra cosa demostraste que el que querías ser un tiranicida? Además, en cuanto a que te pusiste en peligro y si eso merecería alguna recompensa, lo veremos más después, más espero que esté clarísimo para vosotros, jueces, con la sola lectura de la ley, que no lo merece. Puesto que esta no establece un premio sino para el tiranicida, quien no mató al tirano, sin embargo, no puede ser un tiranicida; por mucho que alguien lo hubiera intentado, por muchos peligros a los que se hubiera expuesto, en vano pediría la recompensa del tiranicidio, si no ha matado al tirano. Pues para uno que, al intentar matarle, lo hubiera empujado al exilio, determinaría una recompensa, pero no tan grande ni de la misma clase que para un tiranicida.

19. En efecto, si anuncio que al padecer yo una enfermedad, daría a quien me curase tres talentos una vez recuperase la salud, podría venir alguien que se hiciera cargo de mi cura, movido por la esperanza del pago; después, una vez que me administrase algunos medicamentos y viera que lo había intentado en vano, reconocería que su talento había sido vencido por la enfermedad y me dejaría afligido; sin embargo, a pesar de que estuviera algo aliviado de las molestias, no le debo el pago de mi curación, puesto que no me ha curado. Por otro lado, puesto que me ha servido de algo, no es justo dejarlo ir de vacío.

Pero si después de miles de medicinas me deja sin que me encuentre ni siquiera un poço mejor, no merece ninguna recompensa ya que no me ha ayudado; solo merece, pues, que le dé las gracias a quien ha intentado poner remedio para su provecho, no para el mío. Y si con extraordinaria ignorancia en el arte médica, se hubiera atrevido, sin embargo, a abordar la situación y me abandonara un tiempo después dejándome quebrantado miserablemente con venenos —cuando no solo no me ha sido de ninguna ayuda sino que ha aumentado mucho más el dolor, aunque se hubiera ofrecido a hacerlo gratis—, ¿es digno de afecto porque con su esfuerzo durante tanto tiempo, sin esperanza alguna de premio, me ha maltratado tan atentamente? ¿No merece más bien condena por haberse entrometido imprudentemente con peligro para mí en esa situación en la que era inexperto?

20. La presente causa, jueces, no me parece muy diferente a esta. Así, la ley se aplica vivamente a tomar a sueldo a un tiranicida de cualquier sitio y a ese le promete una recompensa segura una vez asesinado el tirano. Pero cuando dice "tiranicida", jueces, busca un hombre hábil: no solo de mano fuerte sino también, y mucho más, de ánimo enérgico, que se distinga más por su estrategia que por sus fuerzas: alguien que sepa tejer ardides, ocultar trampas, aprovechar ocasiones. Así que si alguien ha abordado una misión de este tipo y ese ataca al propio tirano con la habilidad de una estratagema, domina al atacado y mata al dominado, no desiste de lo que ha comenzado a hacer hasta que lo consigue, ese sí que demanda valientemente la recompensa por tiranicidio. Pero si no fuera capaz de eso sino que, por el contrario, hiciera algo que se aproxima y relaciona con ello —por ejemplo, haber forzado al tirano al exilio o, perdonándole la vida, le hubiera obligado a rendirse o le hubiera impulsado a deponer la tiranía bajo ciertas condiciones—, a ese hombre yo lo considero merecedor de alguna recompensa, aunque no de la recompensa por tiranicidio.

21. Mas si alguien con fuerza física pero de poca inteligencia y profundamente desconocedor de esas artes con las que conviene que esté familiarizado un tiranicida; alguien que suponga que la situación solo necesita de fuerzas y no de planificación; alguien, finalmente, que se parezca mucho más a Áyax que a Ulises (pero al Áyax ya loco por haber sido desposeído de las armas, destrozando rebaños en lugar de hombres[27]); si —digo— alguien así se encargara de llevar a cabo tan gran empresa y entonces, sin trazar un plan ni elegir el momento ni esperar la ocasión, se lanzara a un ataque pero no empezara por el propio tirano sino que saltara sobre su escolta, dándole mientras la oportunidad de cuidar de sí mismo; y, tras eso, una vez que el tirano hubiera escapado, con la misión comenzada apresuradamente, llevada a cabo sin inteligencia, abandonada por cobardía y completamente inacabada, él piensa solo en su huida tras haber incluso

---

[27] Una de las versiones —familiar entre los autores trágicos— de la muerte de Áyax relata que el héroe se vuelve loco porque se le habían negado las armas de Aquiles, premio para quien había sido el griego más valiente o el que hubiera inspirado más terror a los troyanos en la famosa guerra de Troya. Se decidió preguntar a los prisioneros para averiguar quién merecía ese puesto y estos, por despecho, designaron a Ulises en lugar de a Áyax; enloquecido el héroe, aniquiló a los rebaños que debían alimentar a los griegos, suicidándose después en un momento de lucidez y al darse cuenta del estado de enajenación en que había caído. Por otro lado, es proverbial la habilidad de Ulises en urdir tramas de engaño y así salir airoso de muchos trances.

abandonado su espada; pero después, cuando el tirano ha muerto o ha sido asesinado, se presenta en público y reclama la recompensa como si fuera el tiranicida sirviéndose de un discurso como el siguiente: «Yo, jueces, tuve la intención, me atreví, lo intenté, traté de hacerlo»; ¿le concederíais la recompensa del tiranicidio, jueces, porque *intentó* matar al tirano? ¿O más bien mostraríais desaprobación y estimaríais que incluso merece castigo, puesto que por su temeridad no solo se había puesto en peligro él en vano, sino que al mismo tiempo había expuesto a toda la ciudad a un tremendo riesgo, teniendo en cuenta que, incitándolo estúpidamente, hizo al tirano más amenazador para los ciudadanos y más precavido ante las asechanzas?

22. Veis por tanto, jueces, cómo este, que confiaba en que se bastaba solo a sí mismo, hasta tal punto no se presta ninguna ayuda, sino que incluso se perjudica mucho. En consecuencia, si al que mató este no fue al tirano ni fue suficiente haber asesinado al hijo del tirano, sino que el haberlo intentado imprudentemente fue más que en vano, queda como último punto examinar esto: la muerte del propio tirano, que este sostiene que se la debemos a él.

23. Este es el punto capital[28] de todo el asunto; si él os convenciera de eso, no hay ningún motivo para que no se alce vencedor. Y, por el contrario, si yo gano en este punto y —como se suele decir— le arranco su ancla de salvación, ¿no será al instante necesariamente zarandeado y perecerá en el naufragio? Por esta razón, jueces, os ruego una vez y otra que estéis lo más atentos posible mientras

---

[28] Cf. nota correspondiente a *caput* en *Tyrannicida*, § 7; en esta oración aparece el mismo sintagma: *hoc totius* negotii caput *est.*

demuestro que la muerte del tirano, de la que depende toda esta controversia, no tiene nada que ver con este.

24. Y así, recordáis, jueces, que él ha tratado toda esta cuestión como quien desea convenceros de que creáis que ya entonces, cuando asesinó al hijo, sabía de antemano lo que iba a hacer después el padre. «Yo sabía —dice— que bastaba con matar al hijo; sabía que el padre, tras la muerte de su hijo, al punto se quitaría la vida». Más bien sabías en realidad que al manejar así este proceso, tenías necesidad de que pareciera que sabías eso de antemano; de otro modo, pedirías en vano la recompensa del tiranicidio si no habías matado al tirano tú en persona ni habías hecho algo, al menos, por lo que sabías que su fin estaba cercano. Por eso, jueces, quiso este que el resultado de su acción pareciera tan seguro, porque podría deciros a quienes le escucháis que por eso mismo mantuvo su mano alejada del tirano, y que le había dejado consigo mismo y también con su espada. Si no —según dice—, le habría podido matar fácilmente y lo habría hecho a no ser porque, realmente[29] seguro de su final, se había abstenido de ese cuidado para que el tirano poco después muriese de una forma realmente desgraciada.

25. Entonces, ¿qué voy a hacer con esto? ¿A dónde es mejor que me dirija?[30] ¿De dónde voy a sacar pruebas con las que demostrar que este no sabe de antemano lo que va a pasar? Mejor preguntémosle y exijámosle

---

[29] Traduce *scilicet*, entendiendo que la forma tiene aquí una finalidad irónica; cf. *OLD*, s.v. *scilicet*, 4.

[30] Traduce una expresión común en la comedia latina (*quo me uortam?*) cuando un personaje en algún apuro no sabe qué hacer; cf., e.gr., Plaut. *Curc.* 69 o Ter. *Hec.* 516. La expresión aparece también en otros tipos de texto.

algunas razones por las que nos haría creer algo tan difícil de creer, a saber, de dónde ha conseguido esa habilidad tan admirable de la adivinación: si la ha aprendido de algún maestro o más bien la ha adquirido por una inspiración de la divinidad.

26. Dinos pues, Tiresias[31], ¿con qué prueba harás que quede demostrado que has logrado la ciencia de las cosas futuras? Desentierra un tesoro escondido en alguna parte, revela nuestros pensamientos, saca a la luz algo misterioso y secreto, con lo que todos nos maravillemos; sin duda, pienso que decir en público lo que se oculta en las cosas presentes y predecir las futuras es lo propio de ese arte. O, si solo vales para lo futuro, expón ahora alguna cosa que va a suceder dentro de unos años o, si te place, algo más bien para dentro de unos siglos; una vez que ocurra todo de acuerdo con lo que has predicho, entonces vuelve de nuevo y declara que has adivinado el futuro. Mientras tanto, sospecho, seguramente con gran dificultad conseguirás que se te crea que conocías antes de que sucediese lo que sucedía sin que tú lo supieras. Y si entonces, cuando mataste al hijo ignorabas que el padre se mataría, lo cual hizo después, ¿por qué demandas tú ahora la recompensa por su asesinato, el cual, a menos que quieras mentir descaradamente, es necesario que reconozcas que se cometió sin que tú lo supieras y sin que ni siquiera lo pensaras?

---

[31] Alusión claramente irónica a la figura clásica de quien era capaz de profetizar eventos futuros, incluso tras su muerte, como don recibido de Zeus; cf., e.gr., nota correspondiente al *Menippus*, § 2 o la alusión en ese mismo diálogo, § 21.

27. Mas quizá este se considera autor de la muerte del tirano[32] precisamente porque el asesinato que cometió fue, de alguna manera —aunque más allá de toda esperanza— su causa. Pienso, jueces, que hay opiniones bastante diferentes entre vosotros. Pues si alguien hubiese matado al tirano por casualidad o dominado por un ataque de locura, no le habríais concedido[33] la recompensa del tiranicidio. ¿Por qué? Seguramente porque en cualquiera de los dos casos, le habría matado sin ser consciente o sin quererlo; pues bien, la solicitud de este es, a mi parecer, aún más débil. Así, si uno de aquellos exigiera la recompensa, aunque la pidiera quien le hubiera asesinado inconscientemente, la pediría en vano, y eso, a pesar de que lo había matado; pero en este caso, el tirano murió sin que este lo supiera y no por su mano.

28. «Pero es que yo —dice—, no lo hice ni por casualidad ni sin saberlo, sino que asesiné al hijo deliberadamente, y así proporcioné la causa de la muerte del padre intencionada y conscientemente; él, si yo no hubiera matado a su hijo, aún seguiría vivo como tirano». Permite que examine esto más de cerca.

---

[32] Como en alguna otra ocasión, sustituyo aquí el pronombre latino —en este caso, *huius*— por su correspondiente referente. Como se sabe, al tener la lengua latina unas posibilidades morfológicas más claras de distinción de referentes por parte del sistema pronominal, es posible utilizarlo sin que haya equívoco por parte del lector/oyente; este hecho, unido al estilo particular de Moro en el empleo de las referencias pronominales, provoca en ocasiones una posible ambigüedad a la hora de traducirlo al castellano: de ahí la opción de traducción elegida.

[33] El verbo empleado (*decerno*: "decidir", etc.) puede hacer aparentemente contradictoria la traducción realizada; sin embargo, la presencia del dativo *ei* que recoge al sujeto de la oración anterior como destinatario de la decisión que se tome hace posible la interpretación negativa del verbo, acorde, por otro lado, con el contexto.

29. Si tú te acercaste al tirano para matarle y después, vencido por él, tras arrojar también tu espada, hubieras huido y él te hubiera perseguido a caballo, y tras tropezar su caballo, cayera precipitándose hacia tu espada de manera tan oportuna que fuese traspasado por ella, ¿no podrías decir aquí todo eso mismo, sobre todo, que tuviste la intención y que, teniéndola, le atacaste? ¿Y que, en consecuencia, al tener esa intención y haberlo planeado, provocaste la causa de su muerte, ya que, si no le hubieras atacado, él no habría sido muerto? Pero ¿no te das cuenta de que con los mismos hechos te sería lícito, más bien, gloriarte de tu huida y pedir una recompensa por tu cobardía, ya que si tú no hubieras huido, él no habría muerto; si tú no hubieras arrojado vergonzosamente tu espada, él no habría sido traspasado? Finalmente, con este razonamiento, también a los cobardes les sería lícito ser tiranicidas. De la misma manera, aunque, con toda la intención, le hubieras atacado para matarle pero después hubieras huido sin haber ejecutado la acción, lo que siguió después no se consideraría labor tuya; y aunque ese hecho no se habría dado a menos que hubieras hecho algo antes, así, incluso aunque tú subiste a la fortaleza para matar al tirano y mientras buscabas al padre mataste al hijo, sin embargo, de hecho lo que habías comenzado para continuar y llevar a su fin, o no te atreviste a hacerlo por miedo o no quisiste por cobardía, o no pudiste por casualidad; pero volviste sin haber llevado a cabo la acción, y lo que ocurrió después sin que tú lo supieras ni lo esperases, eso no puedes decir que lo hiciste tú. Incluso si algo de esto puede llamarse tuyo, dejó de serlo en el momento en que abandonaste tu propósito.

30. Mas quizá él no admitirá que eso es similar a lo que hizo él mismo, sino que se me opondrá de nuevo del siguiente modo: «Ese hombre que tú imaginas no atacó al tirano con el pensamiento de que después, una vez vencido él y en su huida, el tirano, victorioso, sucumbiría mientras le perseguía; por tanto, lo que no intentó no puede con razón llamarse suyo. Pero yo asesiné al hijo con el propósito de que el padre se mataría, llevado por el dolor, y preví en mi mente que él haría eso». ¿Veis, jueces, cómo se nos opone de nuevo con aquello de su don de la adivinación? Preguntémosle entonces ¿de qué forma lo previó? ¿Lo supo de antemano o lo supuso? Si responde que él lo sabía de antemano me parece que nadie le dará crédito; pero si dice que lo supuso, con ello confiesa que no lo sabía sino que solo lo pensaba, o lo que es lo mismo, que lo dudaba, que no estaba seguro: al fin y al cabo, ¿qué otra cosa es eso que ignorar? Mas consideremos no obstante, por medio de qué indicios, con qué pruebas patentes dedujo de tal forma que sucedería algo tan inesperado que lo que nadie más podría haber esperado, eso lo tenía este para sí como algo seguro e inevitable. «Había sabido —dice— cómo amaba a su hijo apasionadamente». De modo que ¿eso te hizo, pues, estar tan seguro y confiado que pudiste determinar que su muerte no sobrevendría por casualidad sino que se daría como algo necesario? Soy consciente, jueces, de que no pequeño es el afecto por los hijos que la naturaleza ha insertado en el corazón de los padres, pero no habría creído que es tan grande o tan probado como para que alguien se atreva a prometerse a sí mismo y a comprometerse a lo que este hombre cuenta que aquél hizo: que al morir el hijo, su padre se convirtiera en su compañero voluntario. Pues

¿cuántos de esos cuyos hijos únicos y queridísimos cada día fallecen por enfermedad, perecen por traición, sucumben en la guerra o mueren por accidente, sufren tal consternación por la pena que decidan voluntariamente para sí la muerte?

31. «Pero —dice él— al amor se añadió también la desesperación, una razón no menor para desear la muerte». Te pregunto, entonces: cuando tú eliminaste al hijo, ¿mataste a la vez a toda la guardia que quedaba? No dirás —pienso— que llevaste a cabo una carnicería tan grande. Por tanto, aún contaba con los demás: tenía suficientes recursos, suficientes fuerzas. En consecuencia, cuando había caído uno, cuando otros muchos estaban aún incólumes y, de todos ellos, sobre todo estaba incólume el tirano, ¿por qué tuvo una desesperación tan grande como para huir deprisa no ya de la ciudad sino del mundo? ¿Sospecharemos que existe alguien hoy en alguna parte que habría hecho lo que hizo ese tirano? ¿Por qué preguntar sobre otros?

32. Mejor interroguémoste a ti, que probablemente habías hecho esta suposición sobre ti mismo y mirabas al tirano desde tu propio planteamiento. Si se te hubiera muerto tu hijo y pareciera además que a tu vida y también a tu fortuna les amenazaba un peligro, seguro que no elegirías convertirte en compañero de tu hijo sino más bien vengar su muerte. ¿O te matarías a ti mismo para no ser asesinado por otros? Para también responder nosotros en tu lugar[34], seguro que no lo harías. Entonces, ¿cómo

---

[34] Típica estructura pseudo-final; aunque la construcción es formalmente similar a una oración final introducida por *ut*, esta se sitúa en un nivel distinto: la oración principal (*certe… non facere*s) no tiene como

pudo venirte a la mente que lo que ni otros hicieron ni nadie habría hecho, ni siquiera harías tú mismo, precisamente[35] eso es lo que pensabas que iba a hacer el tirano?

33. «Pero es que yo lo pensaba claramente —responde—: si no, ¿por qué habría dejado allí mi espada?». ¡Con acierto nos recuerdas tu cobardía! Pues cuando este dice eso, jueces, ¿no os parece que está diciendo «realmente lo supe de antemano; si no, ¿por qué habría huido de allí?». Y así, ¿qué diferencia hay entre «si no, ¿por qué habría dejado allí mi espada?» y «si no, ¿por qué salí corriendo después de dejar la espada de modo vergonzoso?». Pues, ¿para qué fue necesario dejar la espada al tirano? ¿Para que sin duda no le faltara con qué morir? Así que, quien tenía miedo de las espadas de todos, ¿ese mismo carece de espada? El que algo posee, lo ha conseguido con la espada, lo conserva con la espada, lo protege con la espada, ¿alguna vez le ha faltado a ese la espada? ¡Oh, inédito prodigio, jueces: un tirano sin espada! Ni a ese le faltó la espada ni este le dejó la suya, sino que huyó; y tampoco previó lo que iba a suceder, ni siquiera tuvo la más pequeña sospecha. En lugar de eso, después de que hubiera irrumpido atropelladamente en la ciudadela —no sé de qué modo— y allí, tras atacar de repente, hubiera

---

finalidad lo que expresa la subordinada (*ut pro te quoque respondeamus*), sino que esta indica más bien la intención del acto de habla; en términos de la Gramática Funcional, se trata de un disjunto en el nivel de la ilocución (cf. Pinkster, 2021: 299-300). La estructura está presente en la lengua latina desde la época arcaica; Moro la utiliza con relativa frecuencia, entre otros tipos de texto, en los de carácter epistolográfico.

[35] Creo que la estructura temática —cf. notas correspondientes en la Carta a Ruthall, §§ 1, 5 y Cabrillana (1999)— que Moro otorga a esta interrogación contiene una intencionalidad claramente enfática, algo que he tratado de subrayar con la adición de este adverbio.

vencido al joven —bastante incauto, como es siempre la juventud— solo, confiado, y que no se esperaba nada en absoluto —y, quizá avanzando aún más, hubiera sido capaz de acabar con el tirano del mismo modo—, en ese mismo momento, el temor invadió a este hombre que tenía miedo de que tras oír la voz o el lamento de quien estaba muriendo, ya entonces, descubierto, fuera apresado por los guardias del tirano que acudían en tropel. Inmediatamente se presentaban ante sus ojos las cadenas, la cárcel, las torturas, y mil muertes, mil suplicios. Aterrorizado por esa vana imagen, y asustándose ya por cualquier ruido, por cualquier sonido y al final, por su misma sombra, de repente, tan timorato ahora como antes temerario, se precipitó fuera de la ciudadela. Y no se atrevió siquiera a llevar consigo su espada, no fuera a ser que le retrasara la huida o que, capturado con una espada—, fuera acusado de haber conspirado contra el tirano, a cuya muerte vuelve ahora, arrogante, y, como si él en persona le hubiera matado, demanda la recompensa de tiranicidio.

34. Ten en cuenta, pues, que no pregunto si asesinaste al propio tirano; solo pregunto esto: ¿podrías haberlo asesinado? Si no pudiste, entonces no esperaste la ocasión, no elegiste el lugar idóneo, no aprovechaste el momento oportuno; por el contrario, imprudentemente, sin un plan, sin cálculo empezaste precipitadamente lo que no fuiste capaz de completar. Así que no te jactes de haber matado a quien confiesas que no pudiste. Si, por el contrario, pudiste, entonces fue realmente por tu gran incapacidad o por cobardía por lo que no lo hiciste.

35. «En absoluto —replica—, pude hacerlo pero me abstuve de esa acción. De sobra lo habría hecho: había matado al hijo, dejé al padre con su dolor y mi espada, con la que preví que él se mataría».

36. ¡Oh, desvergonzado, si estás mintiendo! ¡Oh, loco, si no lo haces! Si has inventado cosas tan increíbles, nos admiramos de tu descaro; si has pensado cosas tan absurdas, nos admiramos de tu estupidez. ¿Estabas tan loco que, cuando de un solo golpe hubieras podido poner a salvo tu vida y la salvación del estado, preferiste exponer todo a los dudosos azares de la fortuna y confiar en un futuro para ti que ningún hombre en sus cabales se atrevería a esperar? ¿Y qué si el tirano hubiera querido hacer lo que tú mismo dudosamente habrías hecho, y hubiera hecho con mucha más probabilidad que tú, no lo que hizo, sino llamar a los guardias, reunir sicarios, armar canallas y, cuando le dejaron ante sí el cadáver de su hijo, cruel como era por naturaleza, irritado por tan atroz espectáculo, hubiera dado rienda suelta a su ira y a su indignación, primero contra ti, por quien había sido asesinado su hijo y después contra toda la ciudad, por cuyo bien fue asesinado? Si estas cosas hubieran sucedido (como, gracias a tu estupidez, casi suceden), ni tú, desgraciado, seguirías hoy vivo para pedir la recompensa, ni tendríamos ningún estado al que se le pudiese pedir.

37. Pero los dioses inmortales, jueces, se han acordado de nuestras promesas y peticiones; los dioses han tenido compasión de los males de nuestra esclavitud; los dioses nos han ayudado en medio de los enormes y extremados peligros[36]. Ellos, aunque siempre habrían

---

[36] Aunque este punto —el hecho de que la salvación del estado ha sido posible gracias a la intervención de los dioses— ya ha sido introducido (cf. §§ 3, 8), se subraya aquí con especial énfasis.

decidido socorrer a esta ciudad, han elegido el momento más oportuno especialmente para poder concedernos su favor. Pues aunque el tirano era siempre perjudicial cuando vivía su hijo, con todo, por esa razón se portaba con los ciudadanos de manera menos onerosa, para no legar a su hijo una ciudad profundamente depauperada y exhausta. Pero, una vez destruido aquello por lo que antes se había contenido, ¿quién podría dudar de que habría destruido todo desde sus cimientos? Y así, después de que el estado[37] —primero por la imprudencia de este y después por su cobardía— hubiera caído de lleno en aquel gran peligro, los dioses, pensando que había llegado ya el momento en que quedase grabado el perenne recuerdo de su favor, de repente desviaron todos los males que se cernían tan de cerca sobre nuestras cabezas hacia la propia persona del tirano; y eso con tanta presteza que fuimos liberados del peligro antes incluso de que advirtiésemos que habíamos estado en peligro, antes de que nos hubiese podido acosar el temor a tanta desgracia. ¿Quién habría pensado, jueces, que al encontrar el cadáver de su hijo, el tirano iba a volver la espada contra sí mismo más que contra esta ciudad, a no ser porque los dioses, en su cuidado por nosotros, hubiesen empujado a las Furias[38] enviándolas para su propia perdición?

38. Y así, incluso ahora me parece estar viendo los ojos brillantes del bandido, las cejas fruncidas, la frente

---

[37] Nótese cómo Moro alude tres veces al bien de la *Respublica* en un escaso espacio de texto; cf. nota correspondiente en § 14.

[38] Cf. *Menippus*, § 9, donde se habla de las Erinias, unas diosas violentas que los romanos identificaron con las Furias, y que van concibiéndose como las divinidades de los castigos infernales; Moro utiliza aquí directamente el nombre latino de estas divinidades.

contraída, las mejillas pálidas, los dientes rechinantes, los labios hinchados. En suma, como los poetas describen a Penteo[39] cuando mostraba la locura de su mente en todo su rostro, en todo su semblante. Cuando al llegar primero el tirano, encontró a su hijo asesinado, ¿qué podríamos suponer que hizo? ¿Qué exclamó? ¿Qué otra cosa que, maldito y enajenado como estaba, vomitar de su indecente boca enloquecidos gritos contra los dioses? «¡Oh, ira de los dioses! ¡Oh, rencor de las divinidades! Veo los signos de vuestro odio, habitantes celestes; veo las huellas de vuestra negra maldad. No existe nada más hostil que vosotros, nada más ambicioso, nada más malvado. Queréis gobernar solos, reinar solos, y no suficientemente contentos con vuestra propia felicidad, os consumís de envidia por la ajena. ¿Por qué no habéis descendido para enfrentaros a mí? ¿Por qué enviasteis a un cobarde conspirador contra mi hijo? Quienquiera que fuese, ni siquiera se atrevió a medirse en combate con el tirano. Solo me alegro por esto, porque nadie podrá llamarse tiranicida, nadie podrá pedir la recompensa del tiranicidio, pues nadie matará hoy al tirano más que el tirano. Yo moriré hoy como tirano incluso contra la voluntad de los dioses». Y después de haber mascullado delirios de esta

---

[39] Cf., entre otros escritos, la tragedia de Eurípides, *Bacantes*. Penteo se opone —pese a las advertencias de Cadmo y Tiresias— a que se instaure y propague el culto a Dioniso, que conllevaba prácticas muy violentas y entregadas a diversos excesos; por esta acción, es despedazado por su propia madre, Ágave, que en un primer momento no lo identifica. El mito ha sido muy tratado en la literatura y el arte clásicos; se ha tratado de identificar a Penteo como el prototipo de persona irreverente castigada por su orgullo, ya que la oposición a un culto divino era interpretada como una tremenda impiedad.

clase, finalmente, fuera de sí y agitado por las Furias[40], se arrojó sobre la espada.

39. De modo que, jueces, el tirano yace traspasado por la espada de este; no, más bien no de este, ya que la había abandonado antes; por su propia mano, pero, en realidad, por la sola obra de los dioses. Mas ahora este, que no ha tenido ningún papel, reclama para sí el principal. Por consiguiente, tú, que me llamabas mentiroso, te pido que consideres: ¿cuál de nosotros dos está mas cerca de esa falta? ¿Yo, que confrontando contigo hoy en nombre del estado y de los dioses, no pido aún así ninguna recompensa como vencedor, o más bien tú, un desertor y fugitivo que disputas por conseguir un triunfo cuando son otros —y sobre todo los dioses— los que realmente han vencido? Deja, deja de arrogarte una victoria causada por el poder de otros. Deja de oscurecer un favor tan grande de los dioses para con nuestra ciudad. Deja de ser un estorbo para nuestras alabanzas a los dioses y desiste de esta osada demanda.

40.[41] Pero si este, jueces, insiste en ser molesto, vosotros, no obstante, sopesad el asunto en sí con balanzas iguales: ¿qué otra cosa hizo, pues, este que advertir al tirano de que se protegiera? Los dioses hicieron que él no pudiera protegerse y que no hubiera necesidad de más tramas. ¿Qué otra cosa hizo este que armar al tirano con su espada contra todos nosotros? Los dioses desviaron esa espada de nosotros hacia el cuello del tirano. Finalmente,

---

[40] Me inclino aquí, por coherencia con el contexto anterior, por una traducción cuasi etimológica del término empleado por Moro: *furiosus*.

[41] Podría considerarse que Moro se encamina aquí hacia la *peroratio* o conclusión del discurso.

214

¿qué otra cosa hizo este que precipitar a toda la ciudad hacia un gran peligro por su estupidez? Los dioses, enmendando la locura de este, convirtieron de repente aquel peligro en la seguridad más dichosa. Por tanto, jueces, os suplico, por los dioses inmortales, por los dioses, padres de esta preciadísima libertad, de esta inesperada felicidad, que lo que nos ha acaecido por el designio y el poder de todos los dioses, no permitáis que eso se atribuya a la locura de un solo hombre; ni permitáis que esta ciudad sea jamás tan desagradecida con sus dioses liberadores; ni admitáis reconocer que su seguridad se debe más a la temeridad humana que a la benevolencia de los dioses, de quienes, en suma, se puede esperar que siempre serán propicios con esta ciudad si nosotros, recordando lo que nos han concedido, los reconocemos como autores de sus favores, como es justo. Pero si nosotros, ingratos —¡jamás suceda eso!—, atribuimos a otros lo que proviene de ellos y otorgamos a los hombres la gratitud debida a los dioses, por Hércules que, entonces, debemos tener miedo, no sea que también los dioses disminuyan su favor hacia nosotros y abandonen el cuidado de nuestro estado como indigno de su protección.

41. Por tanto, y para poner fin en algún momento a lo que tengo que decir: puesto que este ha cometido un error en cumplimiento de su deber y con buena intención ha obrado mal[42], pero los dioses han transformado su error en provecho nuestro; y puesto que, en efecto, los dioses lo han determinado[43] —aunque en realidad

---

[42] La idea recoge y repite con cierta variación (*bono animo male fecit*) lo ya expresado en § 3 (*fecit ille tamen animo (…) non malo*).

[43] Traduzco así la forma del perfecto de *cogo*, verbo siempre transitivo en época clásica.

el tirano se mató a sí mismo—; y además, puesto que quienes lo determinaron no piden recompensa y, por su parte, el que murió no puede pedirla, decretad en vuestra decisión, jueces, el perdón para este y el agradecimiento para los dioses; y dispensad a la ciudad de la obligación de esta recompensa, de la cual los dioses quisieron que fuera liberada.

42. He terminado.

Fin de la *Declamatio* de Tomás Moro contra el *Tiranicida* de Luciano[44].

---

[44] La forma de señalar el final de su escrito (*Declamationis Thomae Mori aduersus Tyrannicidam finis*) difiere un tanto del título que escribe al inicio (*Declamatio Thomae Mori Lucianicae respondens*).

Este libro, publicado por
Ediciones Rialp, S.A.,
Manuel Uribe 13-15, 28033 Madrid,
se terminó de imprimir en
Anzos, S. L., Fuenlabrada (Madrid),
el día 7 de abril de 2022.